異なる人と「対話」する

本気のダイバーシティ経営

野村浩子
Hiroko Nomura

日本経済新聞出版

はじめに

およそ25年にわたり、企業におけるダイバーシティ推進というテーマに向き合ってきました。改めて思うのは、どうしてこんなにも変化を拒む人が多いのか、ダイバーシティ推進において日本は先進国の中で大きく後れをとりながらなぜ危機感が高まらないのか、ということです。

筆者自身のダイバーシティ探求の旅は、女性活躍推進に始まりました。１９９５年に月刊誌「日経ＷＯＭＡＮ」の編集を手掛けるようになり、働く女性の仕事とライフスタイル、企業の女性活躍推進策を掘り下げるようになります。その後、「日本経済新聞」でも、同様のテーマで取材執筆を続けました。大学で教鞭をとるようになってからは、ジェンダー・バイアスとリーダーシップに関する研究も始めました。

そのなかで幾度となく、ダイバーシティ推進の抵抗勢力の壁にぶつかってきました。

「いままでのやり方（働き方）を急に変えろと言われても無理だ」

「経営層の言うことは理屈ではわかる、理想はわかる。でも現実は違う」

「女性活躍を進めるには、女性のやる気が問題だ」

「一人ひとり違う働き方を認めろと言われても、管理職はこれ以上対応できない」

といったものです。

時折ふと言いたくなります。

「いまは令和の時代です。昭和の考え方はもはや通用しないのです」

では、すべての企業において、平成の約30年間はダイバーシティ推進にとって失われた30年だったのかというと、そうではありません。多くの企業では、ここ10年かなりの進展を遂げました。しかし、先ほど挙げたような抵抗感は、いまなおくすぶっています。企業がダイバーシティ推進、最近の言葉でいうならダイバーシティ&インクルージョン（D&I、多様性と包括）の旗振りをすればするほど、表立っては否定できないので、抵抗する声は地下に潜ってしまいます。

多様な人材を受け入れる必要については、もはや論を待たないでしょう。多様な人を受け入れ、それぞれが持つ力を発揮できる環境を整え、それを成果につなげるようマネジメントする――こうしたダイバーシティ経営なくして、企業の成長は望めません。しかし、どうしても、腹落ちしないのです。なぜわが社にとって、なぜわが職場でD&Iが必要なのか――。腹落ちしない限りは、組織風土は変わりません。

どうすればいいのでしょうか。

何が足りないのでしょうか。

20年以上取材を続けるなかで、それは「対話」ではないかと思うに至りました。すでにここ10年ほど、経営学の組織論の分野では対話が注目されていました。オープンダイアローグ、ナラティブ、1on1《ワン・オン・ワン》と、話題になるキーワードをみてみると、底流には対話があることがわかります。D&Iにおいてもまた、対話が重要なカギになるのではないかと考えたのです。

理屈のみならず、体感したことも何度となくありました。講演に続けてワークショップをするなかで、対話を通して参加者が多くの気づきを得る様に触れてきました。筆者自身も様々な研究会やワークショップに参加するなかで、異なる立場の人の声に心動かされ、違いを知るとともに共通点を見出す経験を重ねました。特にZ世代の若者やライフスタイルが異なる人からたびたびハッとするような言葉を受けとりました。対話によって、D&Iの理解が深まることを実感したのです。

1年の延期を経て開かれた東京2020オリンピック・パラリンピックでも、多様性を受け入れることの大切さを痛感しました。同質社会から抜け出すためには対話が求められる、と痛感する出来事も重なりました。

そこで本書では、組織でダイバーシティ&インクルージョンを進めるための対話の在り方を考えていきたいと思います。組織開発のための対話の在り方を説く良書は先に見られますが、本書ではD&Iを目的とした対話を考えます。多様性に富んだ組織を実現するための「異なる人」との対話です。本書のサブタイトルに思い切り力を込めて「本気のダイバーシティ経営」とつけたのは、そろそろ「本気」でD&Iを組織風土に根付かせませんか、という提案でもあります。足踏みしていては、世界の中で取り残されるのではないかという筆者自身の危機感でもあります。

さて本書を手にとっていただきたいのは、おもには企業の管理職の方、また組織内でマイノリティ（少数派）として働きにくさを感じている方です。組織のダイバーシティ推進を担う方には、職場でいかに対話の仕組みをつくるか、また経営層からいかにメッセージ発信をしてもらうか、手がかりとしてもらえればと思います。

なおダイバーシティ推進は、当然ながら組織内の問題にとどまりません。日本全体でいかに外国人を受け入れていくか、ジェンダー格差を是正していくか、障がいのある人が生きやすい社会をつくっていくか、社会的弱者と共に生きる共生社会をいかにつくっていくか――、といった課題の解決を抜きに、多様性に富んだ社会は実現できないことは言うまでもありません。本書では特に職場の多様性に焦点を当てて考えていきます。

序章では、改めて「対話」の意味、いまなぜ組織で対話が求められるのかについて、考えてみました。

第1章から3章は、企業の事例をもとに、D&Iを実現するための対話の在り方を探っていきます。第1章は管理職と部下との対話、第2章は対話の仕組みづくり、第3章は経営トップから始まる対話、です。女性社員、男女問わず育児を担う人、外国籍のメンバー、障がいのある人、シニアスタッフなど、様々な立場のメンバーとの対話を取り上げます。おもには正社員の対話となり、非正規従業員の登場場面が少ないことは、今後の課題としたいと思います。

終章では、多様性に富んだ社会を実現するために、力を尽くした偉人たちの「言葉」に注目しました。著作物や伝記、インタビュー記事などをもとに、多様性社会に近づくための手がかりを、言葉を通して探っていきます。

多様な人と働くことが当たり前となったいま、自分とは「異なる人」との対話のヒントを、ひとつでもみつけていただけたら幸いです。

contents

第2章 「対話」を促す仕組みづくり

第3章 経営トップの物語から社員の「対話」が変わる

終章
「わからない」を「わかりたい」に変えた人たち
ダイバーシティの歴史から

本文中の所属、肩書、年齢は、2021年取材時のものです。

なお本文中に登場する、キリンビール布施孝之社長は、取材後の2021年9月1日に逝去されました。

序章

「対話」がダイバーシティ経営の風土をつくる

「調和のとれた不協和音」――。

2021年8月末、東京2020パラリンピック閉会式のテーマを目にしたとき、一瞬の間をおいてナルホドと思いました。繰り広げられたのは、健常者も障がい者もおのおの違う衣装を身に着けて、音楽を奏で踊るパフォーマンス。一人ひとりが音楽とダンスを楽しんでいる、そんな喜びと高揚感が伝わってきて、心地よいハーモニーにひたることができます。一方で細部を見ると、隣り合わせで踊るパフォーマーの衣装がまったく異なるテイストだったり、一見するとバラバラの方向を向いているように見えたり、と小さな不協和音も感じられます。

対極にあるのが、全員が同じスタイルの衣装をまとい、一糸乱れぬ動きでひとつの大きな絵を描くようなパフォーマンスでしょう。国を挙げてのイベントでいうなら、北朝鮮のマスゲームがその代表例です。これはこれで、ある種の形式美があります。しかし、当然ながら一人ひとりの個性はかき消され、「調和のとれた和音」を実現するために、個人は「パーツ」となることが求められます。それぞれの違いからなる「不協和音」などあってはならないのです。

自分と似通った人たちからなる同質な集団に身を置いている限りは、不協和音も聞こえてきません。聞こえないというよりも、聞こえないように徹底的に排除するといったほうが正確かもしれません。居心地が悪くなるような不協和音を認めず、和音を乱すような音、奏で方を排除するのです。

一方、多様な人それぞれの違いを認めて共に生きる社会を目指すなら、全体主義につながる形式美の追求とは一定の距離を置く必要があります。多様性社会で生きるということは、総体としてハーモニーがとれていれば、細部の不協和音は受け入れよう、ということでしょう。不協和音を受け入れるとは、異なるものや、その違和感、居心地の悪さを受け入れるということです。

賛否渦巻くなかで開催された東京2020オリンピック・パラリンピックでしたが、私たちの手元に残された教訓がいくつかあります。そのひとつが、日本がこれから「不協和音」といかに向き合っていくかということです。

「不協和音」の排除が明らかになった東京2020

東京五輪の開催に至るまで、日本がいかに「不協和音」を排除する社会であるかが、明るみに出る出来事が次々に起こりました。

2021年、1年遅れのオリンピックイヤーの年明け間もなく、東京五輪パラリンピック組織委員会の会長だった森喜朗氏の「女性が多い会議は長引く」という女性蔑視発言により議論が巻き起こり、森氏は辞任に追い込まれました。その後、クリエイティブチームのメンバーも、次々に過去の言動に対する批判を受けて辞任に至ります。開会式で女性タレントを豚に見立てる演出を提案したプロデューサー、障がいのある同級生に対するいじめを語っていた作曲家、ホロコーストをネタにしたコントを披露していた演出家などです。いずれも、オリンピックという国際イベントで海外からの批判を浴びたこともあっての辞任です。国内問題で済んでいれば、「ああ、またか」で終わっていた可能性が高かったでしょう。

辞任をめぐる騒動の他にも、五輪開催国として多様性尊重の姿勢を問われる出来事もありました。開催直前にLGBTQの権利を守る法律案が保守系議員らの反対により廃案となりました。東京五輪開会式では、聴覚障がい者団体からの申し入れがあったにもかかわらず、手話通訳は放映されませんでした。

通底するのは「不協和音」を認めない、異なるものを受け入れないという姿勢です。受け入れないばかりか、マイノリティ（少数派）に対して差別をしたり、いじめをしたりといった言動を見過ごしてしまう意思決定者（東京五輪の場合は日本オリンピック委員会）の問題意識の低さも浮かんできました。

これらの騒動から突き付けられたのは、「多様性後進国ニッポン」の現実です。本書ではこの課題解決の糸口を、コミュニケーションの在り方に探っていきます。

森発言から浮かんだ「対話」の必要性

東京五輪で得られた気づきを、マイナス面ばかりではなく、プラス面でも捉えてみましょう。開会式で聖火を点灯したテニスの大坂なおみ選手は、複数のルーツを持つ「日本人」の姿を改めて私たちの目に焼き付けました。またLGBTQを表明した選手たちからは、男女の考え方の枠組みを揺さぶられました。パラリンピックでは、障がい者の持つ可能性とパワーに目を見張りました。こうした気づきの芽を、多様性社会を実現していく上で育てていく必要があるでしょう。

皮肉なことに、辞任騒動から得られたこともありました。特に、森喜朗氏の発言が日本社会に与えた覚醒効果は大きかったといえます。

森喜朗氏の発言のあと、筆者は「森氏の発言から考える」とするワークショップや勉強会にいくつか参加しました。20代から30代前半の女性社員の研究会、女性管理職、企業のダイバーシティ推進担当者の会、大学の教職員らのダイバーシティ研究会などです。そのなかにはシニア層の男性もいました。

そこでハッとしたのが、企業に勤める女性社員らの「いままで思いを押し殺していたことに気づいた」「(女性差別を）疑問に思うことすらなかった」という声です。日本企業の組織の中に、女性差別の意識が埋め込まれていて、生き残るためにはそれに適応せざるを得なかった、当たり前だと思い込んでしまっていたというのです。彼女たちは「声を上げてもいいんだ」とようやく気づいたといいます。

女性たちが無意識のうちの刷り込みに気づき、違和感を表明してもいいと背中を押され、社会にそうした動きが生まれたのです。「森氏の発言から考える会」の参加者らは「もっと対話をするべきではないか」と会の終わりを迎える頃になると、口々に言いました。失言をもとに相手を追い詰めたり、批判したりしても対立が深まるばかりである、対話をすることで互いを理解することが必要ではないかというのです。対話をしながら、女性差別が根強く残る社会を変えていこうというのです。ジェンダー平等な社会の実現に向けての対話とは、女性のみならず多様な人を受け入れる社会に向けての対話という意味合いも込められていました。

「対話」と「会話」はどう違うか

改めて「対話」とは、どのようなものでしょうか。「対話」と「会話」はどう違うのでしょうか。コミュニケーション論を専門とする中島義道氏は、日本人は対話を嫌い、会話を好むとして、両者の違いをこう語ります。

この国の人々は個人と個人が正面から向き合い真実を求めて執念深く互いの差異を確認しながら展開していく〈対話〉をひどく嫌い、差出された言葉の内容より言葉を投げ合う全体の雰囲気の中で、漠然とかつ微妙に互いの「人間性」を理解し合う「会話」を大層好むのである。(『〈対話〉のない社会』)

このように指摘されると、思い当たる節はあります。例えば職場で初めて、中途社員や外国人社員を迎えて、コミュニケーションに齟齬《そご》が生じたときのこと。会議室でじっくり向き合い、なぜ齟齬が生じたのか、相手と自分(たち)との差異を確認して受け入れようとする管理職がどのくらいいるでしょうか。まずはぎくしゃくした空気を和らげるために交流を深めようと、「飲み会でもしよう」と同僚らに声をかけるといった対応をしてしまいがちです（テレワーク下では、Zoom《ズーム》飲み会やチャットでの雑談の場かもしれません）。

劇作家の平田オリザ氏は、中島氏の解釈を受けて「会話は同化を促進するもの、対話は差異を許容するもの」とします（『対話のレッスン』）。会話は同質集団の仲間うちで「そうそう」「あるある」「だよね」と互いに頷《うなず》き合って、同化を促進するもの。一方の対話は、相手が自分とは異なることを受け入れて、両者の差異から新たな価値を創るものだということです。こう考えると、日本人が対話を嫌い、会話を好むというのも頷けます。

対話の意味をさらに考えるために、少し歴史をさかのぼってみましょう。意義深い対話の記録は、紀元前5世紀の古代ギリシャが起源とされています。哲学者プラトンは、師ソクラテスを主人公とした「対話」の物語を30編以上綴っています。

そこでは相手からの問いかけや語りに対して「まったくその通り」「私もそう思う」「そうだとしておこう」「それはありえない」などと返して話が展開され、次第に新たな知が立ち上がっていきます。対話は英語で、ダイアローグ（dialogue）。語源はギリシャ語で、DIA（交わす）とLOGOS（言葉）からなります。ロゴスには、理性や理念という意味もありますから、対話には、理性や理念、哲学を共有するという意味も込められているようです。

一気に時代が下って近年「対話」が注目されるようになったのは、ひとつは医療現場においてです。医療従事者、とりわけ医師は病状や治療方法について患者に説明することが求められますが、最も大切だとされるのが、「聴く」ことです。医師の中川米造氏が著した『医療のクリニック』に、ターミナルケアをめぐる印象的な記述があります。末期医療の研究者が、医療関係者にあるアンケートを行いました。

「私はもうだめなのではないでしょうか」

という患者の問いに対して、どう答えますかというものです。選択肢は5つ。

1　「そんなこと言わないで、もっと頑張りなさい」と励ます
2　「そんなこと心配しないでいいんですよ」と答える
3　「どうしてそんな気持ちになるの」と聞き返す
4　「これだけ痛みがあると、そんな気にもなるね」と同情を示す
5　「もうだめなんだ……とそんな気がするんですね」と返す

もし、あなたが医療関係者だとするとどうでしょう。調査によると、精神科を除く医師と医学生のほとんどは1を選択、看護師と看護学生は3を選ぶ人が多く、精神科医の多くは5を選択したといいます。精神科の医師は、自らの判断を交えず、患者の思いをまずは受けとめることの大切さを感じているということでしょう。

医療現場での知見も生かしながら、経営学の分野では「対話型組織開発」という分野が誕生しています。社会心理学者ケネス・ガーゲン氏が唱えた「社会構成主義」という考え方に影響を受けて生まれたものです。社会構成主義とは、客観的現実は合理的かつ分析的なプロセスを用いて発見されるものであるという実証主義に異を唱えるもので、現実は構成員の相互作用によって生まれるもので複数の現実が存在するという考え方です。意味は関係のなかに存在するのです。そこで重視されるのが「対話」です。対話により現実が創造され、そして再び対話を通して変化や発展が生み出されるとします。

経営学者ラルフ・ステイシー氏は論文集『対話型組織開発』の中で「効果的なコミュニケーションとは、一回限りの事象ではなく、絶え間なく続く交渉のプロセスである」として「組織の変化とは、組織内の会話の変化なのである」とみています（翻訳書では「会話」となっていますが、前後の文脈から先述の「対話」といった意に近いと考えていいでしょう）。さらに「多様性は、様々な会話のパターンによる相互作用を通して、意見の相違が生じたり、異なる考え方の人々と交流したりすることから生まれる。このとき、調和と逸脱の間にある緊張関係が重要な意味を持つ」といいます。「調和と逸脱の間にある緊張関係」とは、まさに東京２０２０パラリンピック閉会式のテーマ「調和のとれた不協和音」です。その緊張関係が多様性において重要な意味を持つということです。

組織の変化、つまり変革には、絶え間ない効果的なコミュニケーション、異なる人との緊張感を持った対話が必要だということでしょう。

トップのメッセージは腹落ちしているか

多様性後進国ニッポンは、日本企業にもそのまま当てはまる言葉です。多くの企業はいま、ダイバーシティ経営の重要性に気づき、経営戦略のなかにダイバーシティ＆インクルージョン（Ｄ＆Ｉ、多様性と包括）を意義付け、実現に向け動いています。

ダイバーシティの推進とは、性別、国籍、人種、障がいの有無といった目に見える違い、またキャリア、価値観、性的指向の違い（ＬＧＢＴＱ）など目に見えにくい違いも含めて、多様な人材を組織に受け入れることを指します。インクルージョンとは、そうした多様な人たちが組織の中で安心できる居場所を確保し、それぞれの持ち味を発揮して組織に貢献できるような環境をつくることを指しています。

ダイバーシティ＆インクルージョンを実現して組織に価値をもたらすようマネジメントする、それがダイバーシティ経営です。

目指すべきD＆Iに至るには、歴史を振り返ると大きく3つの段階があったとされています。第一段階は、男性中心といった「単一組織」にマイノリティを差別することなく受け入れるというもの。この段階では、マイノリティに対して既存の組織文化への「同一化」が求められ、従来の組織メンバーとの間に対立や軋轢が生まれがちです。第二段階としては、様々な組織メンバーの違いを受け入れる組織をつくるもの。第三段階は、マイノリティが組織のすべての階層に存在し、それぞれの違いが統合されて組織にプラスをもたらす「多文化組織」の実現です。

ダイバーシティ経営の核心をひと言で表現するなら、「多様性を価値に変える」ことです。価値とは、売上や利益の拡大といった財務的な価値、また従業員のやる気や組織への帰属意識の向上など非財務的価値という2つの意味があります。多様な人材から生まれる様々なアイデアを新事業創出につなげて利益を生み出すといったように、非財務的価値を財務的価値につなげることも期待されています。ダイバーシティ推進の第一段階では、異なる人を受け入れることは「コスト」となりましたが、第三段階に至ると「ベネフィット」（利益、便益）に変わるのです。

ダイバーシティ経営の実現には、働き方改革、そして異動・評価・昇進といった人事制度の改革に加え、組織風土を変えることが必要です。前者の制度変革に関する先行書はすでにありますが、本書で取り上げるのは、D＆Iの実現に向けての組織風土の変革です。そのためのカギとなるのが、「対話」であると考えます。その理由を2つ挙げます。

第一に、D＆Iに対する拒否感が、組織で働く人の間に根強くあるからです。未だに先に挙げたD＆I第一段階での抵抗感や軋轢をひきずっているのです。

経営トップが「ダイバーシティ推進が、わが社にとって喫緊の課題である」と言ってもいまひとつピンときません。特に、女性活躍の施策に対する反発は続いています。2000年代半ばにワークライフバランスという言葉が登場して、「仕事と子育て両立支援策」の導入が広がったときには「ワーキングマザーばかり優遇されているんじゃないの」という声が上がりました。2010年代に入り、第二次安倍政権が成長戦略のひとつとして女性活躍推進の旗振りを始めてからは「女性に下駄はかせて昇進させるのか」という不満も聞こえてきました。そうした批判の声が上がるのは、経営トップから「なぜわが社にとってD&Iが必要なのか」というメッセージが、腹落ちするような形で伝わってこないからです。

現場では、異なる人、異なる働き方をする人を受け入れるにあたっての抵抗感や負担感もあります。男性中心の残業を伴うフルタイム勤務の文化が残る企業では、介護や育児のため定時前に帰る社員を見て「カバーするのはいつも私たちばかり」と不満げにつぶやく人もいます。ライフスタイルにかかわらず誰もが柔軟な働き方ができる環境が整っていないのです。

管理職もまた、大変です。部下が全員、残業OKだった時代のマネジメントに比べると、いま求められるダイバーシティ・マネジメントは、格段に難易度が上がっています。育児休業中の部下もいれば、短時間勤務の部下もいる、さらに外国人社員も入ってきて……と、まさにバラバラの働き方をする部下を束ねて、それぞれのモチベーションを上げて成果を出さなければいけません。D&Iに対して「負担が重すぎる」と感じてしまうのも無理はありません。

こうしたD&Iに対する抵抗感をなくし、さらには組織風土に浸透させていくために欠かせないのが、「対話」です。組織風土が変わるとは、組織で語られる言葉が変わるということ。先の例で言えば、残業ありで「無制限」に働く社員を標準とする職場から、「時間制約あり」の社員を標準とする職場に変えるには、対話の在り方、その内容を変化させることが大切なのです。

ハイコンテクスト社会からの転換を意識しよう

第二に、日本はいまハイコンテクスト社会からの転換を迫られていることが挙げられます。これには少し説明が必要でしょう。

もう50年も前になりますが、米国の文化人類学者エドワード・ホールは、言葉にすることなく、文化・価値観が共有されている社会、すなわち文脈（コンテクスト）が共有されている社会を「ハイコンテクスト」な文化圏と呼びました。その対極にある「ローコンテクスト」な文化圏では、言わんとすることはすべて言葉にしないと伝わりません。日本は世界の中でも極めてハイコンテクストな国とされており、片やローコンテクストの筆頭は米国とされています。

ハイコンテクスト文化の社会では、メッセージはほのめかして伝えられることが多く含みがあります。行間で伝え、行間で受け取ります。これに対してローコンテクスト文化の社会では、コミュニケーションはシンプルで明確です。メッセージが額面通り伝えられ、額面通り受けとめられます。

日本の組織でもまた、いまだ程度の差はあれ、ハイコンテクストなコミュニケーションが行われています。交わされる言葉だけではなく、組織が共有する知識、体験、価値観、嗜好などコンテクストに頼る度合いの高いコミュニケーションです。「言わなくてもわかるだろう」「自分で考えてみろ」といった指導などです。

日本のハイコンテクスト文化を知る上で、大変興味深い文献があります。岡倉天心の『茶の本』に登場する、利休と息子のやりとりです。茶室の清潔の観念を説く一節をみてみましょう。

利休は息子の招安が露地を履き水を撒くのを見ていた。「まだきれいになっていない」と利休は、招安が掃除を了《お》えたときに言って、もう一度やり直すように言いつけた。いやいやながら一時間もたって息子は利休にむかって言った。「お父さん、もうこれ以上何もすることがありません。敷石は三度も洗ったし、石灯籠も庭樹も充分水を打ったし、蘇苔《こけ》は生き生きした緑色に輝いています。小枝一本、木の葉一枚落ちていません。」「ばか者」とかの茶人は叱りとばした。「それは露地の掃除の仕方ではない。」こう言うと、利休は庭に下りて、一本の樹をゆさぶって、庭いちめんに、金色と深紅の葉、秋の錦の小切れを撒《ま》きちらした。利休が求めたものは、清潔だけではなかったので、美と自然でもあった。（『茶の本』）

先出の中島義道氏は、この利休と息子のやりとりを日本社会に根付いている「言葉の裏を了解するコミュニケーション」として挙げています。「掃除」を字面通り受けとめるのは「ばか者」ということ。「清潔だけでなく、美と自然を求めよ」というのです。エドワード・ホールのいうハイコンテクストなコミュニケーションそのものです。しかし、文化芸術は古今東西ハイコンテクストではないか、と言われれば、その通り。文字面で読んだままの含意のない小説、画家が伝えたいことをそのまま描いた絵画など無味乾燥です。

しかし、多様な人が働く組織のなかで、説明もなく「ばか者、言葉の裏を読んで仕事をしろ」という指導はもはや通用しません。そうしたハイコンテクストなコミュニケーションを続けてきた弊害も表れています。

極めて同質な集団では、「暗黙の了解」「あ・うんの呼吸」で物事が決まり、時には「密室政治」となりかねません。「空気を読む」ことが求められ、忖度はあたり前です。森喜朗氏は、こうしたハイコンテクストなコミュニケーションの中に長年いたために、異なる人の意見を聞く感覚が麻痺していたとも考えられます。日本人、男性、シニアという同質集団でハイコンテクストのなかで意思決定をしてきた負の面が表れた一件とも言えそうです。

ただし、ハイコンテクストなコミュニケーションは、マイナスばかりではありません。「一を聞いて十を知る」と言われるように、ひとつ何かを言われれば、その言葉の背景まで瞬時にわかるのは、迅速で機動的な行動、組織の対応につながります。また経営理念といった抽象的な言葉の意図するところを、組織員全員が理解して、その言葉に照らせば自ずと自分やチームが何をすべきかわかる、というのもプラス面といえるでしょう。

しかしいま、ハイコンテクストなコミュニケーションを続けてきた日本企業は、その見直しを迫られています。人材の多様化、グローバル化、オンライン化により変化を余儀なくされているのです。職場の働き手が多様化していることは、もはや言うまでもないでしょう。男女ともに子育てや介護を担う社員が増えています。外国籍社員や障がい者の雇用も進んでいます。そこではハイコンテクストなコミュニケーションのみではもはや通用しません。

エドワード・ホールの理論に基づき、ビジネススクールＩＮＳＥＡＤのエリン・メイヤー教授が、欧米、アジア、中南米など26カ国を分析したところ、日本は最もハイコンテクストな国であることがわかりました。日本人社員が、外国籍社員に対してハイコンテクストな「含み」のあるメッセージを送っても伝わらないということです。

さらに、新型コロナウイルス感染拡大により一層進んだオンライン文化も、見直しに拍車をかけました。テレワークでは顔が見えないだけに、言葉に裏のないわかりやすいテキスト、つまりローコンテクストでのコミュニケーションが心掛けられるようになりました。

同質集団から多様性に富んだ組織への転換を図るなら、ハイコンテクスト文化にローコンテクストを取り込むことが求められます。ハイコンテクスト文化をかみ砕いて、誰にでもわかるようなローコンテクストの言葉に置き換えて伝えることが求められます。「言わなくてもわかるだろう」はもはや通用しません。ローコンテクストな言葉による「対話」の重要性が高まっているのです。

職場で求められる「対話」とは何か

改めて、本書で考える「対話」の定義をしておきます。対話は厳密には、一対一の言葉のやりとりを指します。しかし、職場では一対一の対話を起点として、それを職場全体に広げていく、職場で語られる言葉を変えて文化風土を変えていくことも重要です。また経営者が社員との「対話」を求めて開く集会もあります。タウンホールミーティングなどと呼ばれるものです。そこで、「一対多」であっても、異なる人と向き合って、相手の持つ価値観に耳を傾けて受け入れる姿勢があれば、広い意味での対話と考えます。

本書では企業の事例分析をもとに、D&Iの実現につながる「対話」の条件として、次の5つを挙げます。なお、雑談や会話と違い、対話には何らかのテーマがあることを前提としています。

①〈差異の許容〉＝相手との差異を大切にして認める

②〈対等〉＝聞き手と話し手が対等（フラット）な関係にある

③〈物語〉＝相手の言葉の背景にある物語を理解しようとする
④〈脱・常識〉＝常識や従来の枠組みのなかで相手の言葉を評価しない
⑤〈新たな価値〉＝異なるものを受け入れて、新たな価値を創造する

①は繰り返し語ってきましたが、②〜④について少し補足したいと思います。

②「聞き手と話し手が対等」といっても、上司と部下、社長と社員といった上下関係があるではないかという反論もあるかと思いますが、組織内の肩書は傍らに置いて、相手を一人の人間として尊重して相対するということです。例え社長であっても、対等な地平に立って目の前の社員の声に耳を澄ませると、聴こえてくるもの、見えてくるものが社長目線のときとは違ってくるはずです。

③「相手の言葉の背景にある物語」とは、最近のキーワードではナラティブとも呼ばれるものです。話者の生まれ育った環境、文化、歩んできたキャリア、家庭環境などが、言葉の背景にはあります。相手がその言葉を発する背景について想像力を働かせるということです。自分と相手を大きく斜め上から見下ろすような、メタ認知（客観的な立場からの認知行動）といった視点を持って対話に臨めば、自分と相手との違い、相手が背負っているものが少しずつ見えてくるでしょう。

④「常識や従来の枠組み」にとらわれて、どうしても私たちは「評価」を下しがちです。例えば、短時間勤務制度の導入が始まった頃には、「毎日定時より前に帰るなんて、ありえない」と言う人もいました（いまもいるかもしれません）。こうした従来の枠組みにとらわれていると、対話のなかでも「それは違う」「ダメだ」「こうすべきだ」といった否定的表現で言葉を返すことになりかねません。自らの価値観で評価を下さない、ということです。

①〜④の条件が満たされれば、相手は安心して言葉を発することができるようになります。話し手は「聴いてもらう」ことで自己理解も進んで、持てる力をより一層発揮できるようになるでしょう。その先に⑤「新たな価値の創造」の可能性が生まれるのです。多様性を価値に変えるには、「対話」が必要なのです。

第１章

管理職が組織の「対話」の軸となる

上司が部下の話を個別に「聴く」機会を定例化

多様なメンバーが働く職場でいま、管理職が求められるのはそれぞれの職場でのダイバーシティ・マネジメントです。とはいえ、あちこちから嘆き節が聞こえてきます。

「女性ばかりか、男性にまで育休を取らせろと言われても。職場が回らない……」

「テレワークが広がって、ますます部下の仕事ぶりが見えなくなった」

「年上のシニア社員にやる気をだしてもらうのが難しくて」

たしかにマネジメントの難易度は確実に増しています。ダイバーシティ・マネジメントというと、ことさら難しく感じますが、提案したいのは部下一人ひとりと向き合って「対話」をすることです。いま、求められるダイバーシティ経営の核心は、先述した通り多様性を価値に変えること、そのために必要なのが「対話型マネジメント」だと考えてはどうでしょう。その理由を2つ挙げたいと思います。

ひとつは、様々な事情を抱えるスタッフが増えるなかで、個別対応の重要性が増していることです。世代によって何を仕事のやりがいと感じるかが異なり、介護や子育てにより時間制約のある社員にとっての望ましい働き方も人それぞれです。管理職は

「それぞれの事情」を把握して、「それぞれのモチベーション」のスイッチを入れる必要があります。介護や子育てなど「それぞれの事情」は、家族の健康状態などによって時間とともに変化します。部下の側から自身の抱える「事情」について上司に伝えることも必要でしょう。そのためにも、個別に向き合って対話をする重要性が増しているのです。

コミュニケーションのひとつの方法である「1on1」が急速に広まっているのも、こうした背景があるためです。1on1とは上司と部下が一対一で対話をするもので、週に1回から月に1回程度、あらかじめ日時を決めて毎回15〜30分程度の時間をとるものです。昭和の時代に会社員の心得として奨励された「報連相」（報告・連絡・相談）は、上司が情報を把握して部下に指示をすることをおもな目的としましたが、これとは異なり、1on1は上司が部下の話を「聴く」ことが基本とされています。指南書によると、何をテーマに話すかは部下が決めるとされており、主役は部下なのです。ここからも、上司部下のフラットな対話が求められていることがうかがえます。

1on1は対面で行われることもありますが、テレワークではオンライン会議システムやSNSの動画対話システムも利用されています。コミュニケーション不足になりがちなコロナ下で、より一段と浸透したようです。

本書で紹介する事例でも、たびたび1on1が登場します。管理職が独自の判断で行っている場合もあれば、企業が実施を促すこともあります。報連相世代からすると「何をそんな不自然な。随時、報告、相談すればいいいじゃないか」と思われるかもしれませんが、「オフィスで随時」が可能なのは、全員がフルタイム勤務をしており職場で仕事をすることが前提だったからです。スタッフの働き方が多様化し、テレワークも浸透するなかで、上司部下の対話タイムを定例化することは、合理的だといえそうです。

ハイコンテクストな理念をわかりやすく現場に伝える

もうひとつ、管理職に期待されるのが、組織の理念を表すハイコンテクストな言葉を咀嚼して現場に伝えて実践することです。

ハイコンテクストな言葉とは、経営理念やパーパス（存在意義）、ビジョンやミッションといったものです。組織が進もうとしている方向性、組織全体で大切にしようとする価値観ですから、シンプルかつ普遍的な言葉であり、「わが社ならでは」の文化を踏まえた独自性のあるものです。つまり含みがあり、行間に込められる意味の深いハイコンテクストな言葉です。こうした経営理念、パーパス、ビジョンやミッションは、経営層から管理職含めて社員に繰り返し語られ、組織への浸透が図られます。

時には社員がメッセージを受け取って自ら考え動き始めることもあります。しかし多くの場合、管理職は経営層からのメッセージを咀嚼して、現場で対話を起こして浸透させることを期待されます。ハイコンテクストな言葉を、多様なメンバーが働く現場の実情に合わせて、具体的かつ明快なローコンテクストな言葉に落とし込んで実践することが求められるのです。中途採用や外国人採用が増えるなか、そうした役割はより一層重みを増しています。

この章では、時代の変化に応えて、職場で対話の在り方を工夫してきた管理職の事例を紹介します。職場に「異なる人」をいかに迎えて、いかなる変化を起こしたのか、その言葉のやりとりが職場にいかに浸透していったのか、現場レポートを通して対話の在り方を考えたいと思います。

コロナ下、子育て社員にかける言葉が変わった

コロナ禍により、ビジネスパーソンの働き方は大きく変化しました。テレワークを

余儀なくされるなか、上司と部下のコミュニケーションの在り方も見直しを迫られました。変化は一時的なものにとどまらず、抜本的な発想転換が求められています。これを機に、子育て社員との対話軸を変えたという、大手飲料メーカーのあるチームリーダーの例を紹介しましょう。

「家族との時間は、ちゃんととれていますか」
「（仕事をする上で）家族の理解を得られていますか」
「健康に投資をしていますか」

キリンビール広域販売推進統括本部セールスサポート部の副部長、渡辺謙信さん（49歳）は、在宅勤務の常態化で、部下にこうした言葉をかけるようになりました。代わりに封じ込めたのは「頑張れ」といった言葉です。部下の不安が垣間見えると、さりげなく冒頭の言葉をかけています。

実は渡辺さん自身も、7歳と4歳の男の子を育てる共働き家庭。フルタイム勤務の妻とは毎週月曜日に朝食をとりながら、1週間の家事分担を話し合います。紙の予定表に、朝食や弁当づくり、保育園の送り迎えなどやるべきことをすべて書き出し、担当を決めています。

もっとも、そんな日常生活の分担でさえ、働き方や生活の変化で見直さざるを得なくなりました。渡辺さんのチームはメンバー7人のうち4人が子育て中です。共働き夫婦ならではの両立の難しさ、つらさ……。自らの経験を踏まえ、メンバーの不安を取り除いて、やる気スイッチを入れるには「仕事より家庭、仕事より健康」という言葉が必要だと考えたのです。

部下の小野理恵子さん（38歳）は、渡辺さんの言葉を聞き、ほっとしたそうです。「これなら長く仕事を続けられる」。小野さんも共働きで5歳の男の子を育てています。コロナ下で苦労したのは、子どもの登園が自粛になったとき。在宅勤務にあたり、夫婦それぞれが仕事に専念できる時間を持てるように早番、遅番を設定。二交代制のようにして家庭内で子どものケアをして乗り切ったといいます。

もちろん、「家庭優先」という言葉はプラスにばかり働くとは限りません。時には、メンバーの事情により、期日までに業務が終わらないといった事態も発生します。その場合は、管理職として渡辺さんが個別に相談に乗ったり、他のメンバーがフォローしたりしています。それでも、家庭や健康に目配りする渡辺さんの声かけによって、「完了しそうにない」「（遅れているので）休日に仕事をさせてほしい」といった言葉をメンバーが口にしやすくなったことで、以前より早めに相談が寄せられるようになり、渡辺さんは管理職として業務配分などを判断しやすくなったといいます。
もうひとつ、渡辺さんがコロナ下で大きく変えた対話軸があります。それは、日々の業務にまつわるやりとりを営業目標といった成果ばかりでなく、先々の「成長」に結びつけたものにしていくということです。

きっかけは、突然の在宅勤務の常態化もあり戸惑う社員もいるなか、布施孝之社長（当時）が発したメッセージでした。「人材育成の背景や意味を理解し、会社全体でマインドセットを変えていこう」「仕事の意義の捉え方が変わることは、全社員が望む『幸せで豊かな人生』につながる」

トップの言葉を受けて、渡辺さんは決意しました。自身が率いるセールスサポート部は、営業部門が商談で使う資料やデータを作成しています。従来は営業目標達成を第一に一丸となって取り組んできました。しかし、取引先となる飲食店への休業要請などもあり、発想の転換が求められていました。そこで営業目標達成に代わり、部下の「成長」を促すことを主軸とするコミュニケーションに切り替えようと考えたのです。

同社のキャリア開発では、毎年の年初に「5年後にありたい姿」を上司と部下が面談で話し合う仕組みがあります。その際、理想の姿からバックキャスト（逆算）して

キリンビールの渡辺さん（右）と小野さん（左）

いま何をすべきか、上司がアドバイスをします。渡辺さんはこの面談にプラスする形で、1on1を独自に取り入れました。渡辺さんの場合は週1回ひとり30分前後、電話やスマートフォンのフェイスタイム（FaceTime）でじっくり向き合います。まずは話を聴いた上で、目の前の業務について、部下の「成長」と結びつけながら語るようにしています。

小野さんはあるとき、担当するクラフトビールの営業での好事例を、どのようにまとめて、誰宛に発信すると最も効果的か、1on1で渡辺さんに相談したとか。こうした具体的な業務をベースに、

「ありたい姿」に近づくにはどういう視点やアプローチが必要か渡辺さんが助言します。さらに1on1では中長期的な仕事をめぐる話題も。小野さんの場合、将来管理職を目指すものの具体的なイメージがわきませんでした。そこで「リーダーになるってどういうことですか」と渡辺さんに質問。「リーダーはメンバーの成長を預かる役割を担う」という答えに、なるほどと思ったといいます。週1回のやりとりから、互いの信頼関係も深まっていくことがうかがえます。

朝夕の部内チャット、しくじり経験も共有

「謙信さん」と親しみを込めてファーストネームで呼ばれている渡辺さん。時には後輩から、こんな「暴露」も。

「謙信さん、酔っぱらって窓開けたまま寝てしまい、朝起きたらお腹《なか》の上に野良猫がのっていたんだって」。若かりし日の渡辺さんのトホホ体験に一同、大爆笑。これは、部のメンバー全員が参加するチャットでの雑談タイムでの一コマです。

2021年6月現在、同社はコロナ下で出勤を従来比3割に抑える取り組みを続けています。渡辺さんもメンバーも出社は月1回程度。メールや電話はもちろん、ビデ

オ会議システムなど数々のツールを活用するも、チーム内での「横」のコミュニケーションは不足しがちです。そこで、朝夕全員参加のチャットタイムを設けたのです。メールよりも気楽に、「お疲れさまです」も省いて何でも書き込むことができます。業務で店頭の売り場訪問をしましたという写真付きのリポートがアップされたり、個人的につぶやきたいことを書き込んだり。そして「謙信さん」のかつてのしくじり体験まで飛び出して、メンバーの心が和むようです。

スタッフ全員の日々の予定は、アウトルックの予定表で共有しています。「夕方4～5時は子どもの保育園お迎えです」など、渡辺さん自らも書き込みます。家庭の事情などで「仕事ができません」という時間帯は、会議など用事を入れられないように予定表上で事前にブロックしておくのがルールです。同社ではコロナ禍の前から、コアタイムなく勤務時間帯を選べるフレックスタイム制度が導入されていました。それを利用する形で在宅勤務が浸透したのに合わせ、柔軟な働き方が一気に拡大しました。例えば、子育てのために、仕事は早朝に始める代わりに昼過ぎまで、といった働き方を選ぶメンバーもいます。

一般的に、職場では子育て中の社員と子どものいない社員の間に、溝が生じがちです。時間制約のある社員ならではの苦労を、未経験者は想像しにくいためです。時短勤務を「早く帰れていいね」と思ったり、子どもの発熱など不測の事態が起きると、しわ寄せがきて迷惑だと思ったり……。ところが渡辺さんのチームでは在宅勤務下での「子育てによる仕事ブロックタイム」もすんなり受け入れられました。

職場の空気が変わった ——時間制約のある働き方を疑似体験する研修

その土壌は「なりキリンママ・パパ」研修により培われたといいます。これは、営業担当の女性たち（グループの女性社員による「なりキリンママ」チーム）が出産後も継続就業できる環境づくりを目指して考案した研修プログラム。子どものいない社員が「営業ママ」になったと仮定して、時間制約のある働き方を実体験してみるという内容です。同実験により男性一色だった昭和的な営業スタイルの弊害が浮き彫りになりました。働き方改革につながるとの実証結果も得られて、2019年から全部門で導入されました。現在は制約ありと設定する社員のシチュエーションを子育てだけでなく、介護、パートナーの病気にも拡大しています。研修対象者はいずれかを選んで残業ゼロを徹底し、子どもの発熱のような突発的な早退や欠務も疑似体験します。管理職で「なりキリン」研修を受けた人をみると「介護」の設定を選ぶ人が多いといいます。子育てと仕事との両立に苦労をした経験のない管理職であっても、介護と仕事の両立は自身にとって差し迫った課題なのでしょう。時間制約のある働き方を、仕事と育児の両立に限定しない、様々な事情を包括することが組織風土の改革には必要なことがわかります。2020年からは「リモートなりキリン」も取り入れ、2021年春までにキリングループ約500人が研修に参加しました。

渡辺さんのチームも、コロナ禍以前にほぼ全員が「なりキリン」を体験しました。体験者からは朝会で「働き方を変えることができると気づいた」「家族とご飯を食べ、ジムに通い読書をして。人間らしい生活ができた」といった報告があったといいます。かつて、育児のため短時間勤務をしていた小野さんは、なりキリンを体験した同僚から「仕事帰りに子どもを迎えに行って、そのあとご飯をつくって寝かしつけて……大変なんだね」と声をかけられました。温かな言葉に、職場の空気が変わったことを肌で感じた瞬間だったといいます。

「なりキリン」が広がった職場では、期せずして本当に子育てをしている社員が「本キリン」と呼ばれるようになりました。ネーミングの妙により時間制約社員のイメージが変わっていき、職場で軽やかに口の端に上るようになったのです。「周囲が本キリンに声がけをするようになり、本キリン自身も子どもの送迎などを自己開示しやすくなりました」（人事担当、関根優さん）。相互の理解が進んだことで、職場で自己開示をしても受け入れられる、自分の居場所があるというふうに、社員らの「心理的安全性」が高まっていきました。だからこそ、リモート勤務が主流となっても、目の前にいないメンバーに対し「子育てによる仕事ブロックタイム」を気兼ねなく表明することができ、それを受け入れてもらうことができたのでしょう。

「頑張れ」はミレニアル世代との対話では封印する

2020年、キリンビールでは在宅勤務をめぐる上限回数や取得できる人の勤続年数に関する要件が撤廃されました。同時にオフィスの利用については、イノベーション創発、チームビルディング、価値観の共有といった目的が再定義されました。アフターコロナにおいても、もはや元の働き方に戻ることはないでしょう。

副部長の渡辺謙信さんは、机を並べていた頃のようにはメンバーの状況をキャッチできない状況下で、管理職として部下との新たな対話の軸を模索しました。その際、渡辺さんが「封じ込めた言葉」に注目したいと思います。禁句としたのは「頑張れ」という言葉でした。これは、これから管理職がとるべきコミュニケーションを考える際に、示唆に富む判断です。

パンデミックの中で、多くの人が考えました。「私にとって仕事とは何だろう」「どのように働き、どのように生きたいのか」「自分にとって大事なものは何だろう」。渡辺さん自身が自問自答して、部下に寄り添う気持ちで出した答えが、「健康」「家族」「個人の成長」という新たな対話軸だったわけです。これは考えてみると、ダイバーシティ経営のもと、多様なメンバーを抱えながらチームのパフォーマンスを最大化するための新たなコミュニケーション軸となるのではないでしょうか。

コロナ下で加速した「個を尊重」した対話は、実は変化の予兆がありました。米国発の言葉ではありますが、ミレニアル世代の登場です。1980年代以降1990年代後半までに生まれたミレニアル世代は、仕事のみならず私生活を大切にし、社会的活動に関心が高く、企業内での出世よりも個人の力を生かすことに重きを置く傾向があるとされます。ミレニアル世代の部下を持つ管理職は、「この仕事はあなたにどんな成長をもたらすか」を語ることで、部下のモチベーションを上げる必要があるのです。

男女問わず子育てや介護をしながら働く社員、右肩上がり成長期とは異なる価値観を持つ若い世代、多様な人が働く時代を迎えたいま、チーム一丸となって業績目標達成に向けて「頑張れ」はもはや通用しないのです。

子育て中の部下との対話3つのポイント

❶家庭や健康の大切さを管理職が明言することで、安心して進捗報告ができる

❷目の前の業務を「ありたい姿」につなげる形で指導・助言し、成長を促す

❸子育て社員が自己開示しやすいように職場の「心理的安全性」を確保する

上司の最初のひと言がカギになる男性の育休取得

男性の育児休業取得を促す機運が、にわかに高まっています。２０２０年度の男性の育休取得率は、厚生労働省の「雇用均等基本調査」によると12・65％とようやく１割を超えたところです。２０２１年６月、男性の育休取得を促す取り組みを求める改正育児・介護休業法が成立、２０２２年度中にも施行されます。男性も子どもの出生後８週間以内に、計４週間分の出産時育児休業（産休）を取れるようにするなど、男性が子育てのために休みを取りやすくするものです。企業に対しては、産休や育休について従業員に取得の意向を確認するよう義務づけます。２０２３年４月以降は、従業員が１０００人を超える企業に育休取得率の公表も求めます。

ところで、なぜ男性に育児休業の取得を促す必要があるのでしょうか。２０１０年代に入り女性活躍推進のうねりが起きて、それぞれの職場で女性が出産後も働きやすい環境を整える、管理職に登用するといった取り組みが進みました。これにより女性の就業率は上がりましたが、一方で男性の「家庭進出」はなかなか進みませんでした。その結果、女性は「家事も育児も、仕事も」のダブルワーク、トリプルワークとなりがちで、「もうこれ以上頑張れない」という声も聞こえてきます。同時に、先述のミレニアル世代の男性社員は、自身も子育てを担いたいと考え、仕事と子育てが無理なく両立できる職場を求めています。

男性も女性も、仕事も育児も担える社会への転換が求められるなかで、男性の育児休業取得は、社会や組織、そして家庭に変化をもたらすトリガーとなるのです。とはいえ、男性社員の育休取得を実現するには、いまなお壁があります。この壁を崩しつつある先進企業では、どのような言葉が交わされているのでしょうか。長らく長時間労働が続いてきた大手印刷会社の事例をみていきます。

大日本印刷では、2020年度の男性の育休取得率は54・3%と大きく全国平均を上回っています。同社の北島義斉社長は2020年「男性育休100%」を目指すと宣言、2022年度末までの達成を目標に掲げています。

現時点で5割を超す取得率は、現場のコツコツとした取り組みによるものです。大日本印刷の生活空間事業部総務部エキスパートで労務を担当する後藤慶悟さん（35歳）は、配偶者の出産を機に手当を申請してくる男性社員に対して「育休はいつ取るのですか」とすかさず尋ねます。ほぼ同時に、当該社員の上長には「（部下に）育休を取るようにすすめてください」とメールを送ります。その際必ず、総務部長にCC

（カーボンコピー）を入れています。

後藤さんが、男性社員にためらいなく育児休業を勧めるのには理由があります。自身も5年前、少し長めの育休を取ったからです。

「第2子が生まれるにあたって、育休を1カ月半ほど取らせていただきたいのですが」

「それはぜひ。取得してください」

後藤さんは、上司におそるおそる申し出たとき、第一声、力強い励ましの言葉をもらい、ほっとしたといいます。

背中を押したのは、生活空間事業部総務部長の木村尚史さん（51歳）。後藤さんは、木村さんのチームで初めての長めの男性育休取得者となりました。2人は労務担当チームで長年、上司・部下として働いてきました。後藤さんが「育休を取ることで、評価が下げられる」といった心配をすることなく申し出ができたのは、上司の木村さんとの信頼関係もあったでしょう。

ところで木村さんは、前例のない申し出に驚きや戸惑いはなかったのでしょうか。木村さん自身は2人の子どもが誕生したとき、配偶者出産休暇は取りましたが、育休は取得しませんでした。「当時は男性が育休を取ると評価が下がるという雰囲気でした」と苦笑します。

ではなぜ、後藤さんから申し出を受けた際、躊躇《ちゅうちょ》せず、「ぜひ取得を」と伝えられたのでしょうか。それは、労務担当として社会の変化を肌で感じていたからです。子育て支援策の充実を背景に産休・育休を取得する女性社員は増えています。しかし、子育て中の女性は、育休や育休復帰後の短時間勤務などでキャリアに後れをとりがちです。家庭負担が女性に偏っていては、人的資源を生かしきれません。

木村さんはかねて「男性も女性も、仕事と家庭生活、どちらかを犠牲にしないといけないのはおかしい」という問題意識を持っていました。「男女問わず、仕事と育児、また介護を両立する社員を企業が支える時代を迎えている」と実感していたといいます。だから、後藤さんから育休取得の申し出があったとき、「当然だろう」と思ったのです。職場結婚をした妻の働きぶりを知っていたことから、状況を瞬時に受けとめたようです。

多くの企業ではいまなお、男性社員が育休取得を申し出た際、上司から否定的な言葉をかけられることも少なくありません。「出世をあきらめたのか」「評価に響くぞ」「妻が休みを取るんじゃないのか」といったものです。

加えて、同僚から「穴埋めが大変だ」という声も上がりがちです。「女性の育休は長いので代替要員を入れることも可能ですが、男性の（1～数カ月といった）長めの育休は中途半端な長さなので、職場での対応が大変です」（木村さん）。実際、内閣府が2021年4～5月に約1万人を対象にインターネットで実施した調査でも、同僚の男性が育休を取ることに3割超が「抵抗感を覚える」と回答しています。

それでは、後藤さんが育休に入るにあたり、木村さんは管理職としてどう動いたのでしょうか。木村さんは早速、部のミーティングを開き、こう発表しました。

「後藤さんが今度、育休を取ることになりました。申し出を受けて、私は応援したいと思う。ついては皆、協力してください」

これを聞いた女性社員から、図らずも拍手がわき起こりました。「夫にもっと育児に協力してもらえたら」といった思いを抱えている短時間勤務の女性社員らが、「男性の育休取得、応援します」と笑顔で拍手を送ったのです。

「おたがいさまの気持ちを忘れないよう

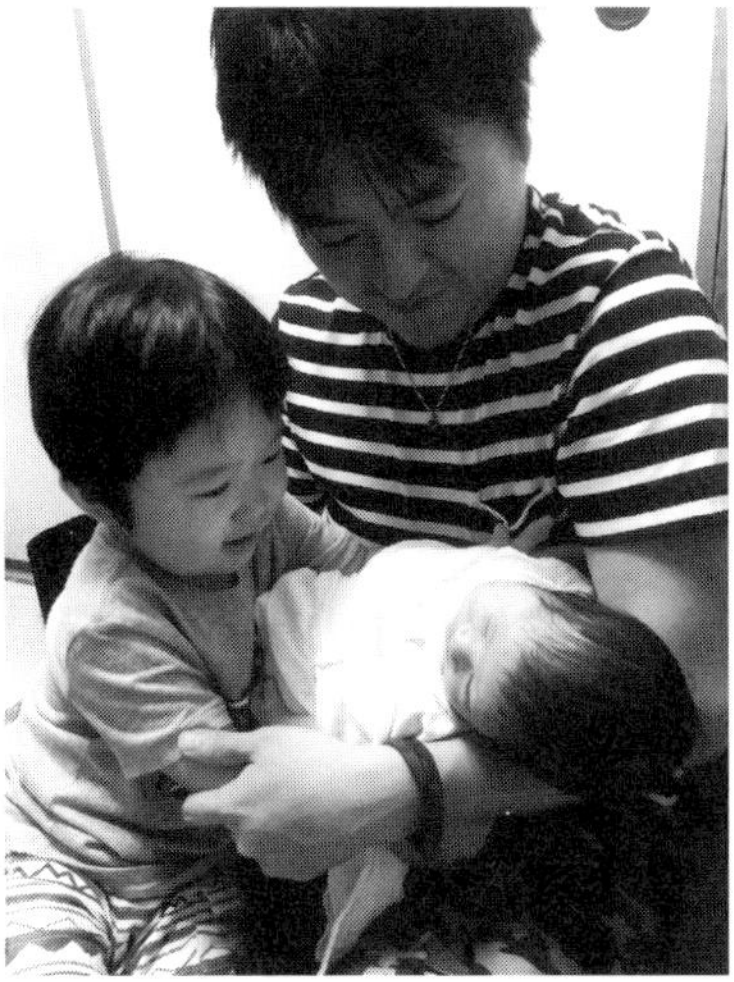
大日本印刷の後藤さん（本人提供）

大日本印刷の木村さん（右）、後藤さん（左）

にしよう」

木村さんは、ほっとした表情でこう付け加えました。傍らの後藤さんは、上司と同僚の励ましが心強かったといいます。

すんなり職場で受け入れられたものの、中堅社員の後藤さんが1カ月半職場を空ける間のカバーは簡単ではありませんでした。育休を取得する半年前に申し出があったことから、木村さんは、チームメンバー全員を集めて、仕事をどう分担するか協議する場を重ねました。「業務が増える」とつぶやく声もありましたが、「新しい仕事に挑戦する機会になるはずだ」と木村さんは発想転換を促しました。全員で話し合いをしたことで、みな納得のいく形で分担することができたといいます。後藤さんが取得半年前と早めに申請をしたこともプラスに働いたようです。

「男性も育休取らないといけないんですか」

大日本印刷ではすでに5割を超える取得率とはいえ、「男性育休の意識はまだまだ根付いていない」と木村さんは感じています。

労務担当から育休を勧められた男性社員の多くは、いまでも「え、私が？」と戸惑いを見せるといいます。さすがに以前のように「育休は女性が取るものでしょ」と口にする人はいなくなりました。しかし「男性も育休取らなきゃいけないの？」という言葉にならない抵抗感が根強くあるようです。

大日本印刷のダイバーシティ推進は、それぞれの事業部門の自主的な活動組織D&I推進グループが中心となり、ボトムアップで進めるところに特徴があります。その活動の大きな柱のひとつが、男性の育休取得の促進です。

２０１６年11月、木村さんは後藤さんと共に、事業部門のD&I推進グループが主催する「子育てする男性社員とそれを支援する上司に聞く！」というパネルディスカッションに登壇しました。

事業部門15拠点を結んで中継されたイベントで、木村さんが強調したのは「男性の育休はキャリアにマイナスとはなりません。自分の知らなかった世界を知ることで大きく成長します」という点です。旧来の性別役割分業から抜け出すことは、男性にとってキャリアにプラスになるというメッセージです。実際に育休を通して「後藤さんは一皮むけた」と木村さんはみています。復帰後「労務担当の彼を頼ってくる社員が増えました」（木村さん）。後藤さんが、社員と接する際の対話が大きく変化したからです。

社員からは、日々労務に関する様々な相談が寄せられます。育児休業や在宅勤務、社宅制度など、会社の労務管理上の規定のみならず、相談内容は多岐にわたります。あるとき子育て中の女性社員が、会社の両立支援策についての相談にきました。後藤さんが対応したところ、背景に家庭内の家事育児の分担に関する悩みがあることがわかりました。後藤さんは、相談者の苦労を「わかるわかる」と受けとめて、共感する姿勢を見せました。

「配偶者はどんな就業状況ですか」と問いかけつつ、「私自身は家庭でこう分担していますよ」と自身の体験談も披露。会社の支援策のみならず、自治体のファミリーサポートや民間のベビーシッターサービスの紹介など、アドバイスは当事者ならではの使えるものばかり。相談者はほっとした表情を浮かべました。木村さんはそうした後藤さんの仕事ぶりを見て「成長した」と感じたのです。

後藤さん自身、育休を取得したことで思考回路が変わったと実感しています。取得前は「会社の規則は動かせない」といった固定観念が強かったのですが、取得後は、労務担当として多様な「当事者に寄り添う目線」となりました。人事部に対して旧来の働き方に沿ったルールの見直しを提案したり、事業部門の運用で柔軟に対応したりするようになったといいます。このような男性の育休取得によるプラス面を、「子育てする男性社員とそれを支援する上司」として、2人は折に触れて社内に発信しています。

男性の育休取得がなかなか進まない、その根底にあるのは、職場と家庭に根差す性別役割分業意識でしょう。女性は子育て中心、男性は仕事中心、こうした根強い性別役割分業意識が、「男性が育休を取りにくい」職場の空気を醸成しているともいわれています。こうした意識は、組織や個々人に埋め込まれているだけに、対処には難しさがあります。木村さんは、セミナーや研修など、様々な刺激を通して、社内の固定観念を切り崩していく必要があると考えています。

意識の変化を促すには、社外の人との議論が有効な場合もあります。2021年2月、木村さんの所属する生活空間事業部は、ダイバーシティ推進を手掛けるNPO法人J－Win（東京・千代田区）が開く「オールド・ボーイズ・ネットワークとは？」という研究会に参加した事業部の管理職と共に、5社ほどとの共催でセミナーを開きました。

高度成長期から最近に至るまで、日本企業では多数派である男性の間で組織独自の文化や慣習が非公開に伝えられてきたとされており、その排他的なつながりがオールド・ボーイズ・ネットワークと呼ばれています。こうしたネットワークから女性やマイノリティは排除されてきたのではないかという問題意識で、講演や議論がなされました。「そういえば、（男性の多い）喫煙所や飲み会、ゴルフの場で物事が決まることもある」といった気づきにつながったといいます。

男性の育休取得を促すには、男性中心の組織文化、慣習、働き方に、様々な角度から揺さぶりをかける必要があります。そのためには、各職場で実情を踏まえたセミナーや研修を行い、時には社外の人を交えたイベントを行い、倦《う》まず弛《たゆ》まず議論を続けることが必要なのでしょう。

男性の育休取得を促すための対話3つのポイント

❶ 本人から申し出を受けたときは、
まずは第一声、尊重する旨を伝える

❷ 男性が育休を取得する間のカバー体制について、
「おたがいさま」の精神でチーム全員で前もって話し合う

❸ 男性が育休を取得することによるメリットを、
実例を交えて社内に発信する

ジェンダー・ステレオタイプから抜け出す

木村さんが戦い続けているのは、社会や組織に根強く残るジェンダー・ステレオタイプといえそうです。

男性中心の組織・社会構造は、日本ではいまなお見直しの途上にあります。各分野の意思決定層における女性割合をみると、いまだに男性優位のジェンダー・システムであることがわかります。なぜこうしたシステムが長年維持され、なかなか変わらないのでしょうか。その背景にはジェンダー・ステレオタイプがあるからです。

「男性／女性は○○である」、また「男性／女性は○○であるべきである（べきではない）」といったステレオタイプが、男性にも女性にも根強くあります。長らく続いている性別役割により、男性にはおもに組織の支配に関係する「作動的特性」が望ましいとされ、女性には他者をサポートする補助的な「共同的特性」が望ましいとされます。

筆者が桜美林大学講師の川﨑昌氏と共に２０１８年に、大手企業25社２５２７人を対象に行った調査でも、こうした傾向が顕著にみられました。男性に望ましいとされる特性の上位5位は「自立している」「責任感が強い」「行動力がある」「礼儀正しい」「率先して行動する」というものでした。一方女性に望ましいとされる特性上位5位には「礼儀正しい」「周囲への気遣いがある」「困っている人への思いやりがある」「気遣いが上手である」「友好的である」という項目が並びました。

男性は組織をリードするような作動性がある人が望ましいとされます。一方女性は補佐的な温かみのある共同的特性を持つ人が望ましいとされるのです。こうしたステレオタイプに沿った行動をとる男性や女性は、周りから好ましいとされますが、そこから逸脱すると否定的な印象を持たれてしまいます。例えば男性が共同性が高い特性を強く示すと「男性なのに頼りにならない」と思われる、女性が作動性を強く示すと「有能かもしれないが冷たい」とみられる、といった具合です。有能とされる女性は、女性からも批判の眼が向けられがちです。

なぜこうした反応が起きるのでしょうか。社会心理学者ジョン・ジョストらは、これを「システム正当化理論」で説明します。人間には、現状のシステムを、そこに存在するというだけで正当化しようとする動機「システム正当化動機」があるとします。人は不確実で無秩序な状態を嫌います。そこで現状のシステムに問題があったとしても、予測可能な現状維持の社会のほうが心地よいとするのです。

男性優位のジェンダー・システムには問題があると、多くの人が気づいています。しかし不確実な未来よりも予測可能な現状を好むシステム正当化動機が働き、現状維持をしようとするのです。旧来の性別役割分業に基づいたジェンダー・ステレオタイプから逸脱する人が否定されるのも、こうした心理によるものです。

長期の育児休業を取ろうとする男性社員に対して、「出世をあきらめたのか」「評価に響くぞ」「妻が休みを取るんじゃないのか」といった否定的な言葉をかけるのも、ジェンダー・ステレオタイプからの逸脱とみなすためです。

では、どうしたら旧システムの維持につながるステレオタイプを変えていくことができるのでしょうか。

旧来の性別役割分業を抜け出し、かつ組織で成果を上げるようなロールモデルが登場することで、ステレオタイプが崩されていくのでしょう。そしてそれが「現状」となれば、システム正当化動機が働き、新たな地平が拓けます。

まさに、大日本印刷の木村さん、後藤さんのような新しい「性役割」を体現するような人が必要なのです。長期の育休を取るなど伝統的役割から逸脱する行動をする男性社員に対して、否定的な言葉を口にしそうになったら、心のうちにシステム正当化動機がないか、少し立ち止まって考えてみてはどうでしょう。

24時間交代勤務の鉄道現場に女性を迎える

続いて、職場に初めて女性を迎えた男性管理職を紹介します。1986年に男女雇用機会均等法が施行されてから35年が経ちますが、今なおすべての職場において育成から評価、昇進に至るまで男女均等になっているわけではありません。とりわけ、女性の少ない理系職場、また泊まり勤務のあるところなどでは、まだまだ圧倒的な男性中心職場です。そこに女性社員を迎えるとき、管理職はどんな言葉がけをしているのでしょうか。鉄道の電気系統の保守点検を24時間交代勤務で行う、鉄道会社の事例をみてみましょう。

「女なんていらないよ」「すぐ辞めるんじゃないか」

大分県の工業高校を卒業後、東急電鉄に入社し、電気部初の女性社員として配属された樋口真由さん（29歳）は、2010年に入社した当初、先輩からこんな言葉をかけられました。仕事を始めてほどなく、その言葉の意味がわかります。電気部は、駅や線路の電気系統の保守管理を担います。安全靴を履いてひたすら線路の上を歩き、駅や変電所を点検して回る日々。真夏の暑い最中も、終電後の深夜も。電柱に上ったり、梯子をかけて電線を点検したり……。

加えて入社した当時は、朝8時から午後4時55分までの日中勤務のあとに休憩を挟んで深夜24時から翌朝5時まで働き、その3時間後の朝8時から再び日勤が始まるシフト勤務が、月8回ほどありました。同じ部署の先輩や同僚らとまったく同じ24時間交代勤務のシフトに入って現場仕事を覚えていきました。泊まり勤務のために女性用宿泊室を新たに設けてもらったものの、仕事現場はもちろん、休憩中も周りは男性ばかり。

それでも弱音は一切吐きませんでした。高校時代の恩師が「女性として初めての電気技師採用だ。歴史をつくってはどうか」と送り出してくれた言葉が頭に焼き付いていたのです。

「あいつ、ひとりで頑張っているよね」。他部署に配属された同期の男性が、こう言ってくれたのが心の支えになったといいます。電気部は２０１７年以降、後進となる新卒女性がひとり、またひとりと配属され、樋口さんの所属する戸越メンテナンスセンターは、２０１９年に2人目の女性社員を迎えました。

入社して10年、中堅社員となり業務の中核を担っています。それでもいまも、樋口さんにとって「ひとりでは難しい仕事」があります。線路の真上に平行に走る電車線の点検作業がそれです。2人1組で線路を歩いていき、点検が必要と思われる箇所で、梯子を電車線にかけて点検しなければなりません。梯子の長さは約5メートル。ユラユラ揺れるなか登っていきます。何しろ梯子が重くて、ひとりで持ち上げて電線に立てかけることができないのです。共に作業をする同僚に声をかけ、「息を合わせて」（樋口さん）電車線にかけます。

「手伝ってもらえませんか」。助けを求める言葉を発することも必要です。そのとき「よっしゃ」と助けてくれる同僚がいてこそ仕事をやり遂げることができます。そこでは男性も女性も関係ありません。信頼関係がないと、「声がけ」しながらの現場仕事は成り立たないのです。

そんな樋口さんの上司は、2019年7月、区域ごとの電気保守管理をするセンターのひとつ、戸越メンテナンスセンター長となった佐藤英貴さん（48歳）。樋口さんの入社が内定した当時、佐藤さんは本社勤務でした。社内で「電気部に新卒女性を採用する」と耳にした際、佐藤さんは「えーーーーっと思った」と苦笑いします。他の同僚と同じく「女性に務まるのか」と思ったのです。ところが、上司として樋口さんの仕事ぶりを見るや、考えは改まります。

いまでは男性の部下と変わらず、樋口さんと接しています。佐藤さんは、女性社員に対して「いいよ、俺がやるから」と言うのは禁句だといいます。大変な力仕事だから無理だろう、負荷が大きすぎるからかわいそうだと、女性に対して「優しすぎるのはいけない」ときっぱり。それでは女性部下が育たないからです。

「優しすぎてはいけない」のには、もうひとつ意味があります。電気の保守点検は、常に危険と隣り合わせの仕事。その厳しさに、男性も女性もありません。時には、厳しく「叱る」こともあります。

「考えが甘いんじゃないか」。あるとき、作業手順の確認が不十分だった樋口さんに対して、佐藤さんは厳しい言葉をかけました。樋口さんがいま、責任者を務める駅の配電所には、6600ボルトもの電流が流れています。操作を誤れば、感電したり、機器で指を切ったり、といった事故もありえます。共に働く後輩に怪我《けが》をさせる危険もあります。「安全に対してどう考えているのか」。すでに中堅として活躍する樋口さんに対して、いま一度、気持ちを引き締めるようにと厳しく問いかけました。

果たして、佐藤さんのように女性の部下を躊躇なく「叱る」ことができる男性の上司は、どのくらいいるのでしょうか。「女性は泣いてしまうから面倒くさい」「どうせ辞めるんだろう。そこまでして育てようとは思わない」とは、男性管理職からよく聞

東急電鉄の佐藤さん（右）、樋口さん（左）

かれた言葉です。しかし、真剣に部下を育成しようと思うなら、時に「叱る」ことはごく自然な行為でもあります。にもかかわらず、異性の部下を叱ることにためらいを感じる管理職はいまでも少なくないのです。

「叱る」真意が伝わるには、上司部下の信頼関係が欠かせません。そのため佐藤さんは「何でも受けとめる管理職」でありたいと、日頃から部下全員に対して「何かあれば、いつでも相談してほしい。何でも言ってほしい」と折に触れて声がけをしています。そうした日頃からの信頼関係の醸成もあり、このときも、樋口さんは謙虚に受けとめました。同時に「最終確認は確実に。ひとりでは間違いが起きる。その前提で第二確認者と共に点検すること」。佐藤さんが繰り返し伝えている言葉を改めてかみしめたといいます。

自己開示は上司から、部下が何でも言える雰囲気に

もうひとつ、2人の信頼関係を映すような話を耳にしました。樋口さんは電気設備の保守という仕事柄、いったん駅、線路の保守点検に出ると、6時間弱オフィスに戻ることができないこともあります。夜間の現場で使うのは男女共用トイレ。そうした就労環境で悩ましいのが、生理です。男女共用トイレでは、生理用品を交換しても捨てるところがありません。生理中は体調も崩れやすいのですが、夜勤を他の社員に代わってもらうと職場に迷惑をかけるので申し出ることはためらわれるといいます。作業に支障がないよう、薬でなんとか調整しています。実はこんなことも、上司の佐藤さんには何度か相談したそうです。

樋口さんにとっては、所属する電気部ではまだ女性社員が妊娠出産した例がないことも、不安の種だといいます。「もしも妊娠したら、どのタイミングで職場に言えば

いいのだろう」。樋口さんは時折ふと思います。妊娠時は危険を伴う作業はできませんし、子育て中の深夜勤務も制限が出てきそうです。

この例のように、働く女性が増えて就業年数も延びるなか、異性となる男性上司にとっては、思いもかけないことで女性の部下が悩んだり不安を感じたりしていることもあるでしょう。最近は、生理や不妊治療、更年期障害など女性の健康に関する知識を身につけるための研修を実施する企業も出てきました。女性の身体特有の健康管理に関わることは、上司側も一定の知識を身につけることが望ましいでしょう。

同時に部下が体調の悩みも含めて何でも言える雰囲気をつくるためには、上司の側も自らのプライベートな事柄も含めてオープンに話す「自己開示」が必要だといわれています。そこで佐藤さんが工夫するのは、日々の朝会で自身の体験談を語るミニ講話です。朝礼では業務の引き継ぎといった事務連絡の他、3分ほど自身の体験談を語ります。よく登場する話題が、少年野球の指導の話。子どもを指導するとき、どんな言葉をかけているのか、中学を卒業して高校の寮に入ることになった教え子が、わざわざ挨拶に来てくれてどんなに嬉しかったか……。指導者としての苦労や喜びを話すことが多いといいます。

樋口さんはクスリと笑いながら「なんだか嬉しそうだな」と思って聞いているそう

です。佐藤さんの人となりに触れて、上司部下の距離が縮まる時間でもあります。「現場」に出れば、感電をはじめ危険回避のために神経を張り詰めっぱなし。24時間交代勤務のため、皆で一緒に飲みに行く機会も取れません。わずか3分でも、業務と直接関係しない、日常から思ったことや考えたことをリーダーが話す朝礼は、心を澄まして相手の話を聴く、相手の人となりを見る貴重な時間なのです。

樋口さんがかつて20歳を迎えて、初めて職場の先輩らと飲みに行ったときのこと。「女なんていらない、と思っていたけど、男も女も関係ないな」と先輩がぽつり。その数年後には「こんなに頑張る奴だとは思わなかったよ」という言葉をかけてもらったそうです。

「体力的なハンディがあるから」「泊まりがあるから」「前任の女性がいないから」……。かつては女性を迎え入れることに必ずしも賛成ではなかった職場の空気も、その先輩の言葉が映すように変化しました。そう、男も女も関係ない、「この人とならー緒に仕事ができる」と互いに思えるような信頼関係を職場のメンバーと築いていくことができるかどうかなのでしょう。

そのためにも、上司は女性部下を育成する上で、必要とあらばためらうことなく厳しい言葉をかけることも大事ではないでしょうか。成長を望む部下であるなら、その真意はきっと通じるはずです。

現場に初めて女性メンバーを迎える際の対話３つのポイント

❶「優しすぎる」のは禁物。女性部下の成長を妨げる

❷体調の問題は業務に関わる。
生理や妊娠出産など、女性の身体に関する基礎知識を身につけておく

❸「何でも相談できる上司」に。
上司自らプライベートの話も含めてオープンに語り、「自己開示」する

「いいよ、俺がやるから」の背景にあるパターナリズム

電気部初の女性社員である樋口さんの上司、佐藤さんは先述した通り「いいよ、俺がやるから」は禁句だと言います。これは、実に含意のある言葉です。「いいよ、俺がやるから」はパターナリズムに通じる言葉だからです。

父権主義、家父長的温情主義とも訳されるパターナリズムは、強きものが弱きものを助けるとして、本人の意思を確認することなく、相手に介入・干渉したり、支援をしたりすることです。親が子どもの行動に干渉する、また医療現場で専門家が患者に過度の介入をする、といった場合などでみられるとされています。同じように、職場でもパターナリズムが起こりうるとして、特に男性上司から女性部下へのパターナリズムが問題だとされています、男性上司＝強きもの、女性部下＝弱きもの、といった構図を無意識のうちに描いてしまうのでしょう。

管理職は、特に昇格して間もない頃は、ものわかりのいい上司、理解ある上司を目指しがちです。女性部下は体力面で男性より劣っていることが多いので手助けしてあげないといけない、子育て中の女性社員には無理なくこなせるような仕事を与えない

とかわいそうだ、といった気持ちを抱きがちです。そこで無意識のうちに、女性に任せる仕事に枠を設けたり、男性より軽い仕事を与えたりします。パターナリズムに沿って行動することでダイバーシティ・マネジメントを行っているかの錯覚に陥り、理解のある「いい上司」に近づいたような気になることさえあります。

もちろん、仕事時間に制約がある社員に対する配慮は必要ですが、必要以上の配慮は不要です。そうはいっても「必要」と「必要以上」の線引きが難しいのは事実です。匙加減《さじ》がわからない、という声も聞こえてきそうです。

そこで男性管理職の佐藤さんに習うなら「いいよ、俺がやるから」という言葉をまずは封じてみるのは、ひとつの解となりそうです。部下の樋口さんは、男性社員がこなしていたすべての仕事を手掛けることになり、自分の力の及ぶこと、及ばないことを見極めることができたのです。

管理職は女性部下に「優しい」言葉をかけそうになったとき、その言葉にパターナリズムが潜んではいないか、自らに問いかけることも必要かもしれません。

組織に変化をもたらした管理職3人の共通点とは？

先に述べた通り、管理職は経営層からのハイコンテクストなメッセージを受けとめて咀嚼し、現場の状況に応じて対話を促しながら実践することが求められます。ここまで登場した3人の管理職は、その好例です。

キリンビールのセールスサポート部副部長の渡辺謙信さんが、コロナ下で部下との対話軸を変えたのは、社長の言葉がきっかけでした。「人材育成の背景や意味を理解し、会社全体でマインドセットを変えていこう」「仕事の意義の捉え方が変わることは、全社員が望む『幸せで豊かな人生』につながる」。価値観の転換が迫られるなか、重要な意味が込められているとはいえ、どう読み解いて解釈するか、難易度の高いハイコンテクストなメッセージといえそうです。渡辺さんはここから、「健康」「家庭」「個人の成長」という実にわかりやすい3つの対話の軸を設定しました。こうした読解力、伝達力には学ぶところ大です。

大日本印刷の場合、社長が「男性育休100％宣言」をしましたが、それを現場で実現するのはおもに管理職の役割です。生活空間事業部総務部長の木村さんは、社長からのメッセージに対して現場では抵抗があるのを感じとっています。その空気を打ち破るため、男性が育休を取ることによるメリットを社内に積極的に伝えてきました。変化に対するポジティブな発信を今も続けています。

東急電鉄電気部戸越メンテナンスセンター長の佐藤さんが経営トップから受けとめたのは「当社の成長にとって女性活躍は欠かせない」というメッセージです。ところが現場によっては「どうやって、24時間交代勤務の職場に女性社員を迎えるのか」という戸惑いも生まれるでしょう。現場社員の気持ちも受けとめつつ、佐藤さんは女性社員を「特別扱い」することなく、時には厳しい言葉もかけて鍛えていきました。男女問わず信頼関係を築けるような、何でも言えるような職場環境づくりにも腐心しました。

いずれのケースも、トップからのメッセージが変化の起点になっているものの、それだけでは職場は変わらないことは明らかです。トップからのメッセージは組織が進む方向性を示す上でむろん重要ですが、普遍性があるためにやや抽象的な言葉となりがちです。そこで現場からは「そうは言うけど、どうやって実現するのか？」「現実をわかっているのか」という声が上がってしまうのです。これを現場での対話に落とし込んで実践するのが、管理職の役割なのです。

登場した3人の管理職のコミュニケーションは、前章の最後に挙げた「対話」の条件にも合致します。その中のひとつとして「常識や従来の枠組みで評価しないこと」を挙げましたが、ここに登場した3人の管理職が「禁句」とした言葉に、それが顕著に表れています。コロナ下で在宅勤務をする社員に「頑張れ」、育休を取ろうとする男性社員に「出世はあきらめたのか」、女性社員に対しては「いいよ、俺がやるから」。禁句とされた言葉の背景には、男性中心型雇用慣行を前提として、残業いとわず昇進を目指して働くことを是とする従来の枠組みがあります。

加えて「対話」の条件として「新たな価値創造」を挙げましたが、これは多様なメンバーが持ち寄る様々なアイデアから新事業を立ち上げる、といった耳目を集めるような価値に限りません。仕事の現場では、地道に新たな価値を積み上げていくことも大切です。大日本印刷の男性育休の取得は、その一例でしょう。

1カ月半の育休をとった後藤さんが、自らの経験を通して得た新しい視点をもとに、労務の現場に少しずつ変化をもたらしていることは前述した通り。それを上司の木村さんが意義付けて社内に発信しています。男性社員の長期育休という従来とは「異なるもの」を、職場で対話を通して受け入れることで新たな価値創造につなげているのです。

その折に上司の木村さんが、チーム全員を前に語った「おたがいさまの気持ちを忘れないようにしよう」という言葉も見逃せません。

「おたがいさま文化」を醸成するためには、時間制限のある働き方を、子育て中の女性社員のものと限定的に考えないことがカギとなります。「子育て中の女性」と「(それを)フォローする社員」との間に対立が生まれかねないからです。子育て中の社員のみならず、介護をする社員も、キャリアアップのために社会人大学院に通う社員も、地域活動に参加する社員も、メンバーそれぞれの事情が尊重され、必要に応じて時間制限のある働き方を選択できることが大切です。そうして初めて、皆が「おたがいさま」と言えるようになるのです。

職場で不用意に語られる前例踏襲の言葉が、変化を拒む組織風土をつくることもあります。管理職は時には「従来の枠組み」を継承・強化するような言葉を封印しなければいけません。同時に「従来の枠組み」に揺さぶりをかける言葉を発することも必要です。管理職が何を語り、何を語らないかが、組織風土を左右するのです。

ミレニアル世代の女性管理職が部下に語る言葉とは

ここまでは、50歳前後の男性管理職の事例から、職場で多様な人と対話をするにあたってのポイントを考えてきました。ここからは、典型的な男性中心組織で若くして課長に昇進した女性管理職のコミュニケーションの在り方をみていきます。男性管理職と何か違いがあるのでしょうか、女性だからこその難しさや、逆に有利な点などあるのでしょうか。

素材メーカーで課長を務める聡子さん（仮名、39歳）は、総合職として入社して以来、法人営業部門でキャリアを積んできました。法人営業の世界は圧倒的な男性職場で、総合職、管理職に占める女性割合はいまなお5％ほどです。聡子さんは20代後半で2人の子どもを出産。子育てしながら1カ月にわたる海外出張も引き受けるなど激務をこなし、2年前に異例の早さで課長に昇進しました。

たくましく生き抜いてきた聡子さんは、旧来の仕事スタイルに揺さぶりをかけるべく、密かにゲリラ作戦も続けています。その絶好の機会は、年2回、事業部長が部内に対して行う事業方針説明会だと言います。例年大会議室で行われる説明会は、コロナ下でオンライン会議となり、直近では200人ほどが参加しました。聡子さんは毎回、この説明会で真っ先に手を挙げて質問するようにしています。問題意識は、女性社員が働きやすい環境をつくることです。事業部長の話を聞きながら、毎回「突っ込みどころ」はどこか、必死に考えながら耳を澄まします。

先日行われた説明会では、「仕事の取捨選択をしよう。無駄な仕事をなくそう」という事業部長の言葉を捉えてこう質問しました。「事業部長の考える無駄な仕事とは、どのようなものでしょうか。私はワーキングマザーとして常に効率的に仕事をしなくてはいけないという意識があり、手をつけない仕事も少なくないのですが、それでも他の人からみると無駄はあるかと思います。何が無駄で、何が無駄ではないのか、その線引きをどう考えればいいのでしょうか」

これには事業部長も返答に窮しました。「ある仕事を黙ってやめてみて、誰も何も言わなければ、それは無駄な仕事と考えていいのではないか」と、やや漠とした答えが返ってきました。聡子さんは、こうした答えで十分だといいます。質問をする目的が、旧来の働き方を見直すよう、職場の皆に考えてもらうことだからです。事業部長に質問をするにあたっては、最初は直截的に質問していましたが、徐々にやんわり問いかけるようになったといいます。聡子さんは年を追うごとに「質問力」が磨かれてきた、と笑顔で語ります。

1982年生まれの聡子さんは、ミレニアル世代の若き管理職。49ページで述べた通り、上の世代とは異なる価値観を持つとされる世代です。そのひとつが、仕事だけでなく私生活を大事にしたいという意識です。「私生活で自分がやりたいことがあるのに、それを削ってまで残業するのはなぜ?」、聡子さん自身、入社してから今に至るまで、素朴にそう思うといいます。

聡子さんは総合職として入社したとき、一回り年上の女性管理職のもとに配属されました。営業部門で10年以上ぶりに迎える女性総合職、女性管理職のもとで育てられるのがいいだろうという会社の配慮でした。ところが、入社3年目を迎えた頃、聡子さんが第一子を妊娠したことを上司に告げたところ、思わぬ言葉が返ってきました。「私があなたくらいの年の頃には、出産するなんて考えられなかったわ」。女性管理職は、いわゆる均等法世代。1986年に男女雇用機会均等法が施行されて間もなくの時期に入社した世代です。当時は子育てしながら働く環境がまだ整っておらず、仕事を続けたい女性の多くが「仕事か子どもか」の二者択一を迫られたのです。ところが1990年代に育児介護休業法が制定され、2000年を過ぎた頃から「仕事も子育ても」という空気が浸透していきます。当時の女性上司は「仕事か子育てか」の選択を迫られた世代、対する聡子さんは「仕事も子育ても」が当然の世代なのです。出産後はフルタイムで復帰し、営業前線に立ち続けています。実体験を踏まえて語る言葉は、先の事業方針説明会での質問からわかる通り、上の世代とは明らかに異なります。

ミレニアル世代にはまた、仕事に社会的意義を求める傾向もみられます。聡子さんもまた、こうした志向を持っているといいます。営業部門に籍を置きながらも、その仕事を「私」が手がける意味、仕事の社会的意義を追及してしまう、部下もまた同じだろうという前提で対話をしています。

「高性能なわが社の素材をお客様に使っていただくことで、CO_2の削減にもつながる、地球環境の保全に貢献することになりますよね」と社会的意義を語り、仕事に誇りを持ってもらうように促します。「わが社は（この分野で）トップブランドです。お客様から信頼されているのです」。こう説いた上で、最後は営業部門の管理職として、部下への期待を口にします。「私はあなたに期待しているからこそ、この数字を目標としているのです」

ミレニアル世代であり、かつ営業部門で5％弱の女性管理職のひとりである聡子さんは、模索しながら上の世代とは違う対話術を磨いていったのです。

シニア世代の男性部下のナラティブを理解する

男性と女性、シニア、ミドルと若手社員……職場で性差や世代差によりコミュニケーションに齟齬が起きる背景に、それぞれが互いの「ナラティブ」を理解していないことも挙げられます。ナラティブとは、その人が語る言葉の背景にある「物語」。もともと文学の世界で語られてきたナラティブが、臨床医学や経営学組織論でも使われるようになりました。職場の課題解決には、立場の違う者同士、互いにナラティブを理解することが欠かせないとして、その重要性が注目されるようになっています。立場の違いとは、性別、年齢、職位、また部署による文化の違いなどが含まれます。

輸送用機器メーカーの課長、美咲さん（仮名、44歳）もまた、チームのマネジメントにおいて、ナラティブの理解に努めて成果を上げました。美咲さんは、2回にわたる海外勤務経験、そして新商品開発で成果を上げ、経営課題の解決を期待されて管理部門の課長に任ぜられました。部下は50代、60代の男性を中心に、同じ歳と年上の女性部下2人、転職組の若手ひとり。美咲さんが最初に行ったのは、部下それぞれのナラティブを理解することでした。

課長に就いて早々、美咲さんが始めたのは1on1により一人ひとりと丁寧にコミュニケーションをとることでした。「これからどんな仕事を手掛けたいと思いますか」「異動の希望などありますか」。こう問いかけても、年上の部下らは「何もありません」と繰り返すばかり。これが数カ月、人によっては半年以上続きました。この間も、美咲さんは「いったんは聴く」という姿勢を貫きました。2020年春からはコロナ下で在宅ワークが広がったこともあり、時にはプライベートな話題も出るようになります。

「ご家族はどう過ごされていますか」と問いかけると「妻が医療従事者で大変です」「娘が学校に行けなくてかわいそうで」といった話がポツリポツリと出てくるようになりました。なかには近所の人から「(いつもは)都心の本社で働いていてすごいですね」と言われたと誇らしげに語る人もいて、「この人は周りからどう見られるかを気にする人かな」といった仮説を立てるようになります。また「異動したくない」と言い続ける人が、あるときポツリと「定年を迎えたときに、本社の社長から楯をもらいたい。だから子会社には行きたくない」ともらした言葉も聞き逃しませんでした。

耳を傾けるなかで、新しい仕事に挑戦しようとしないシニアの男性社員には、ある共通するナラティブがあることがわかってきました。高校生や大学の子どもが2人ほどいて、住宅ローンを抱えています。「(大黒柱として) 稼がなければいけない」という家計の責任を負うために、仕事から外されないように、不本意な職場に飛ばされないように、守りの姿勢に入っているのです。仕事に多くを期待するのはやめようと、上司に対しては「(希望することは) 何もありません」とシャッターを閉じてしまいがちです。なかには「上司は (自分の力を) わかっていない」と他者を恨むことで、自分と向き合うことから逃げてしまう人もいます。

人によっては、家庭はやすらぎの場ではなく、愚痴をこぼして癒やしてもらう場はスナックでした。それもコロナ下ではままならず、ストレスがたまるばかりです。「新しい仕事は無理です」「異動の希望はありません」と、自らの殻にこもるシニア社員の言葉の背景には、こうしたナラティブがあることが浮かんできたのです。

美咲さんは「日本で男性は背負うものが多すぎて気の毒だ」と考えました。では、どう動いたのでしょうか。基本的には「あなたの存在を認めています」と相手の存在を受け入れます。決して否定はしません。そして「縁あって部下になってくれたのだから、あなたのキャリアを私も一緒に真剣に考えたいと思います。私にできることがあったら言ってください」と折に触れて伝えます。ただし管理職としては、当然ながら部下には相応の仕事をしてもらわないといけません。そのために、気づきを促すスイッチを入れるような声がけをします。

例えば、3カ月前に約束した仕事が滞っていたときのこと。「なぜやらなかったのですか」と問い詰めることはしません。「できなかったのですね。それはなぜでしょう」とあくまでも事実の理由を尋ねます。「わかりました、忙しいのですね」といったん言葉を受けとめた上で「なぜ忙しいのでしょうか」と問いかけます。続けて「どうやったらできると思いますか」「方法も含めて私がフォローしますよ」。こうしたやりとりのなかで、本人がハッとする瞬間が訪れます。個々の仕事の進捗は、月1回の課全体の会議でも共有しながら、本人のコミットメントを促していきます。

こうしたやりとりを、3カ月、半年、時には1年近く根気強く続けてきました。どうしてここまで、粘り強い対応ができるのでしょうか。こう聞くと、ポイントは「自分のトリセツ（取り扱い説明書）を持つことです」と謎に満ちた答えが返ってきました。美咲さんは30代の頃、あまりのハードワークに「このままいくと心の病になるかも」という危機感を抱いた時期があったといいます。そのときに、カウンセリングやコーチングなどを独学し、心のうちで、自分自身との対話を試みたそうです。そこでわかったのは、自分は与えられたタスクに対して常に100％以上の価値を出したいタイプであること。一方、周りには限りなく「省エネ」で済ませたい人がいます。つまり、最小限のエネルギーしか使わずに力を抜きたいという人もいる。このギャップから、手を抜く人、無責任な人を見ると、許せないと怒りのスイッチが入ってしまいがちです。この感情をコントロールするアンガーマネジメントには、自分と他人の価値観の差を受け入れることが必要なのです。それが美咲さんの語る「自分のトリセツ」です。

1on1で根気強くやりとりを続けて本人の思いを聞き取って、それをかなえるために、美咲さんは社内を奔走しました。事業所を超える玉突き人事、仕事を含めて他部署に異動してもらう、出向してもらうなど、本人の意に沿うような異動を実現していきます。次第に「この課長は自分たちの希望を叶えてくれる人だ」という空気が醸成されていきました。

今でも美咲さんが肝に銘じているのは、自分の価値観で相手にレッテルを貼らないことです。自分と異なる価値観の人に対して、仮説を立てて「やる気スイッチ」がどこにあるかを探るといいます。その際に、相手のプライドを傷つけないこと、自分とは異なる価値観を持つ人を尊重することを大切にしています。

ここで女性管理職が壁にぶつかりながらつかんだ、コミュニケーションのポイントをまとめておきましょう。

「女性同士のほうが話しやすい」とは限らない

まず女性社員が少ない職場では、「女性同士のほうが話しやすいはず」「女性部下の指導は、女性の上司のほうがいいだろう」といった配慮がなされることもありますが、これは必ずしも正解とは限らないということです。

素材メーカーに総合職として入った聡子さんは、入社当時、10歳ほど年長の一般職女性とのコミュニケーションに苦労しました。事務の仕事を頼んでも「この仕事、私がやらないといけないのですか」と反発されたのです。加えて「会社の配慮」で女性管理職のもとに配属されたものの、これがかえって聡子さんに試練をもたらします。「あなたが総合職だから言っているのよ」として必要以上ともとれる厳しい言葉をかけられることになり「女同士は大変だね」と陰でささやかれることになりました。

男職場の営業の世界で、そのルールをいち早く学んだ聡子さんにとっては、男性社員とのコミュニケーションのほうがとりやすかった、といいます。女性は男性以上に価値観もライフスタイルも多様です。管理職への道などまったく考えない人もいれば、出産してもバリバリ働きたい人、出産を機にペースダウンしたい人など、価値観は様々です。女性同士わかり合えるとも限らない、女性の価値観は男性以上に多様である、ということです。

輸送用機器メーカーの美咲さんが年上の部下と向き合った対話も、ヒントに満ちています。女性管理職の部下との向き合い方から、コミュニケーションの基本が見えてきました。

最後にそのポイントをまとめておきましょう。

女性管理職の部下との対話3つのポイント

❶「女同士のほうが話が合う」とは限らない。
同じ属性の人でも価値観は多様である

❷異なる価値観の人が持つ「物語」(ナラティブ)を理解する

❸自分と相手の価値観のギャップを知る。「自分のトリセツ」を持つ

第2章

「対話」を促す仕組みづくり

「非公式」に「共感」を醸成する対話の場を設ける

「チャットアプリにチャンネルを立てておいたので、このプロジェクトの進捗はそちらで共有しましょう」

報連相文化のなかで育ってきた世代にとっては意味不明な会話が、当たり前のように交わされるようになってきました。念のために説明すると、パソコンやスマートフォン上で使われるチャットアプリを使って、テーマごとに設定できる場「チャンネル」を立てたので、プロジェクトに関する情報はそこで共有しましょう、という意味です。チャットでは「お疲れさまです」「お世話になっております」といった枕言葉抜きで、用件だけ気楽に投稿できるのが特徴です。公私いずれでも使えるＳｌａｃｋ（スラック）や、ＣｈａｔＷｏｒｋ（チャットワーク）などが知られていますが、企業が社内のコミュニケーションツールとして、こうしたチャットアプリを導入するケースも増えています。かつて対面で行われていた報連相や、打ち合わせの一部がメールに移行し、そのまた一部がチャットに移行しつつあります。チャットは、社内の業務に関する情報共有でも、社員同士の交流でも使われるようになってきました。

図1　仕事に関するコミュニケーションマップ

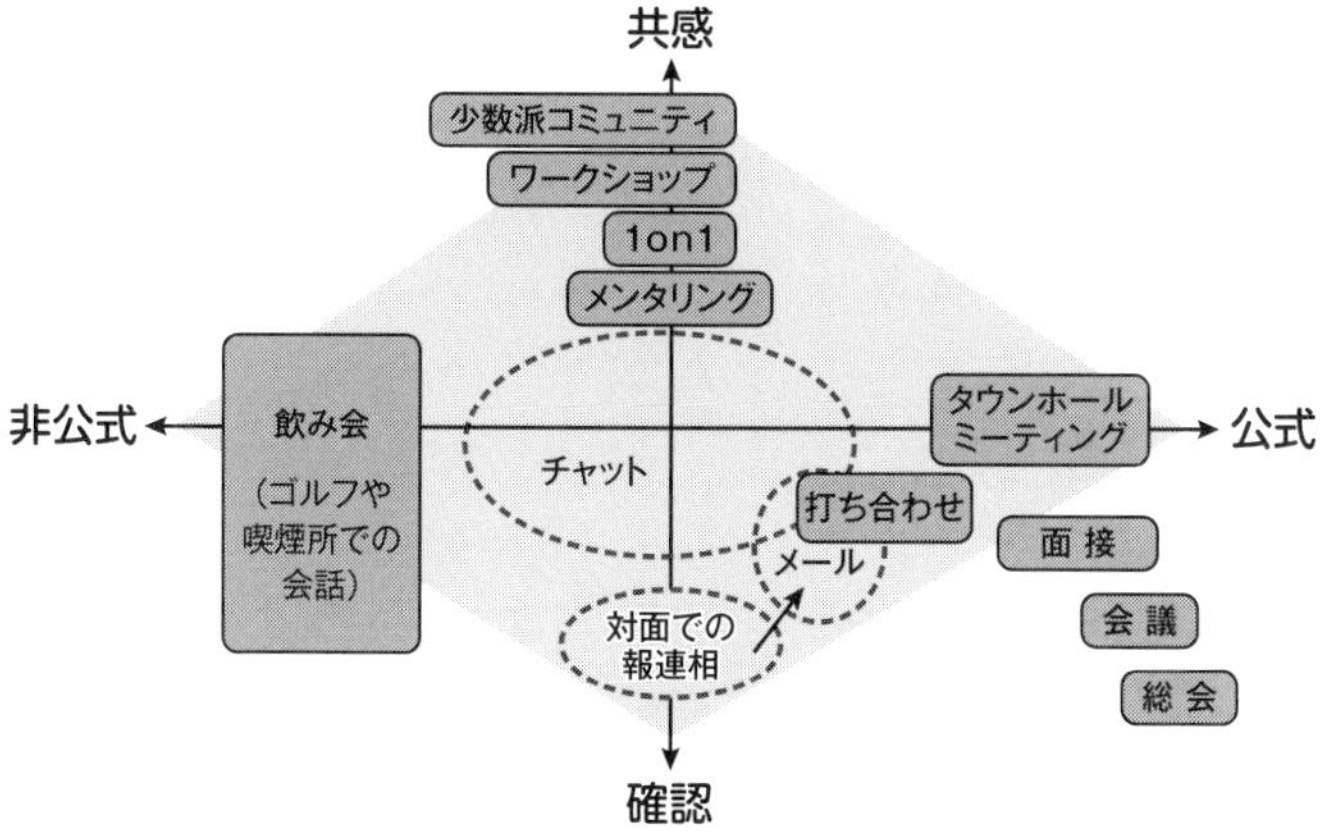

職場で求められるコミュニケーションが大きく変化していることは、これまで述べた通りです。チャットアプリなどツールの拡充も受けてその変化は加速しています。

改めて、仕事に関するコミュニケーションの現在図を確認してみたいと思います（図１）。縦軸にコミュニケーションで求めるものとして「共感」と「確認」を対極に置き、横軸を「公式」「非公式」として、各種コミュニケーションの場をマッピングしたものです。

縦軸の「共感」とは、認知的共感（エンパシー）。自分とは異なる人の価値観を理解する、という意味です。感情的に突き動かされて他者に同情（思いやり）

を抱く情感的共感とは一線を画します。職場で働く多様なメンバーの差異を、共感を持って認めるコミュニケーションです。対極にある「確認」とは、おもには合意形成を目的とするもので、同一化に向かうコミュニケーションです。

公式、非公式は、組織でコミュニケーションの場として正式に認められているかどうかを示します。

各種コミュニケーションを4象限に配置してみると、日本企業で伝統的に行われていたコミュニケーションの多くは、合意形成に向かう「公式」な「確認」の場であることがわかります。非公式に行われる職場の飲み会、また喫煙所やビジネス上の付き合いのゴルフなどでは、親睦を深めるための交流がなされているものの、同質な集団で「そうそう」「あるある」という会話がなされていることが多く、ここでもまた異質なものを受け入れるための対話的要素は少ないと言えそうです。

比較的新しいコミュニケーション方法は上の象限に集中しており、できるだけカジュアルな形で共感を醸成することを目的としていることがわかります。「非公式」に「共感」を醸成する対話の場を設定するものです。対話を促す仕組みづくりが進んでいるといえます。その背景には、人材の多様化やグローバル化があります。女性、外国籍の社員、LGBTQ、育児や介護を担う社員など、様々な人と共に働くために、組織の中で対話の重要性が増しているのです。

上の象限で対話を促すものとして、少数派コミュニティやワークショップなど、公式と非公式の間にプロットされるものが多くみられます。これは、非公式に自然な形で行われる、または社員の自主的な活動として行われる場合もあるからです。できたら自然な形で非公式に行われるのが望ましいものの、マイノリティの積極支援のため、過渡期の策として企業が対話の場をあえて設定して「公式な制度」としているものもあります。メンター制度もまた、これに該当します。

企業人事が社員の相談相手を指名する「メンター制度」は、上下関係にはない斜め上の人を相談相手として指名するもので、マイノリティの定着、育成に有効だということが知られています。メンターは評価者ではないので、何でも相談できるというのが利点です。この制度は米国生まれ、日本では2000年前後から大手企業を中心に、女性社員育成のために広がりました。女性を管理職に引き上げるため、さらに一段上の部長や支店長を育てるためなど、目的や対象層を定めて各社取り組みを進めています。会社が相談相手を指名するのは、不自然ではあります。しかし、日本企業ではいまだ幹部層は男性中心のため、男性社員は自然に相談相手も引き上げてくれる人もみつかりますが、女性はじめマイノリティは、そうした人になかなか出会う機会がないという問題意識からメンター制度が設けられているのです。対話する相手、対話の場を人事部が設定することで、マイノリティの定着と引き上げを図るものです。

こうした欧米企業にならったコミュニケーション制度が多いなかで、日本企業で独自に生まれた相談制度もあります。大手飲料メーカーの取り組みを紹介しましょう。

役職定年したシニア、業務の4割は相談対応

サントリーホールディングス（HD）傘下の企業には、会社から正式に「おせっかい」の役割を仰せつかったシニア社員らがいます。正式名称は「TOO」。「隣のおせっかいおじさん・おばさん」という言葉をローマ字表記した際の頭文字に由来します。ひと言で言えば、管理職も含めた「職場のみんなの相談相手」。グループ全体で全国約20人がこの業務を担当しています。支店長や部長などを経験した元役職者のシニアらが中心で、業務の4割ほどを相談に充てているといいます。TOOに手を挙げる人は多いそうですが、「人望が厚い」など条件が厳しいだけに、この肩書を手にするのは狭き門です。

コミュニケーションの達人ともいえるTOOに、年代やキャリアの異なる様々なメ

ンバーと互いに気持ちよく働くための対話の極意を聞きました。「黒子なんだけど」と苦笑しながら、手の内を少し明かしてくれたのは、自動販売機向け飲料事業会社であるサントリービバレッジソリューションの首都圏支社で働く樫谷昌邦さん（63歳）とサントリーフーズ首都圏支社の田籠宗敏さん（63歳）。

ベテランTOOの2人によると、まず心得るべきは「聞き役」に徹することだといいます。

かつてはリーダーとしてチームを引っ張り、人望も厚い面々が相談に応じるとあって、TOOのもとには、おのずと様々な情報が入ってきます。ただし、当然ながらTOOはライン管理職を尊重します。「前面に立って課題を解決しようとしたら組織は崩壊する」（田籠さん）からです。求められれば助言はするが、あくまでも表立って課題解決に動いたりはしません。

およそ相談ごとは、誰かに話を聴いてもらうだけで、気持ちの7割がたが収まるといいます。「『言いたかっただけやねん』という人が意外に多い」と樫谷さんは言います。「なんだ。話を聴くだけか」と思う読者もいるかもしれません。しかし、これは簡単なことではありません。なにげないようでいて、多くの経験を積んだ元管理職が「聞き役に徹する」ことは、難しいのです。2015年からTOOを務める樫谷さんも「傾聴？（今でも）苦手やな」と苦笑いします。TOO対象の研修で「聴くこと」の重要性を学んで、試行錯誤しながら実践しているそうです。

「心を落ち着けて自らの判断を交えずに、まずは相手の話を受けとめるのが『聴く』ということ」。こう説くのは、サントリーHDキャリアサポート室の山内明専任課長。山内さんは、アンガーマネジメントから16タイプの性格診断MBTIまで、TOOが身につけるべき知識スキルの研修を企画しています。そのなかでも、最も重要なのが「傾聴力」のスキルだといいます。

異なる立場にあるメンバーとの「対話」を成立させるためにも、その前段階として、しっかりと相手に意識を向け肯定的に受けとめる姿勢が大切だからです。例えば、相手が「今の仕事がつらい」と訴えたならば、「そうか、つらいと思っているんですね」とまずは受けとめます。しかし、シニアが経験豊富であればあるほど、「つらいなんて思わないほうがいい」「つらい仕事ほど、成長につながる」など自らの経験を踏まえて伝えたくなるものです。そこをぐっと抑える必要があります。

まずは相手の話を受けとめる、受容することで相手との関係を築きます。関係性が構築できれば次のステップとして質問をしたり、「こういう見方はできないか」と自分なりの意見を述べたりしても、相手に受け入れてもらえます。相手の心の変容につ

図2　フィードバックは肯定表現で行う

〈否定的〉	〈肯定的〉
×「あきらめが悪い人」	○「粘り強い人」
×「あとのことは心配するな」	○「あとは任せて、安心して」
×「やる気あるのか」	○「やる気を出そう」
×「無理をしている」	○「期待に応えようとしている」
×「これを忘れちゃダメだ」	○「これはずっと覚えておこう」

出所：サントリーHDキャリアサポートが行う傾聴講座資料より抜粋

ながっていくのです。

社内コミュニケーションの達人としてＴＯＯに選ばれた人でさえ、「まずは受けとめる」を実践すべくマインドセットの転換を迫られるのです。そこを補うのは研修やトレーニングです。いま活躍しているＴＯＯからは「（自分の判断や意見を言うのを）我慢できるようになった」「相手から遠慮なく話してもらえるようになった」といった声が聞かれます。

こうしてしっかり相手を受けとめることから、「対話」が始まります。そこで重要なのは、どんな言葉がけをするか、です。図２のように、ＴＯＯのメンバーは否定的な言葉を使わず、肯定的な言葉で返すことを心掛けているそうです。「これを忘れちゃいけませんね」ではなく「これはずっと覚えておきましょう」、「あきらめてはいけません」ではなく「前を向きましょう」といった具合です。常に肯定のフレーズに置き換えて返すのがポイントだといいます。

中途採用組の「即戦力」プレッシャーも緩和

TOOに課せられた「イベント面談」の対象者は、大きくは2層。新入社員や入社2年目の社員といった若手、もしくは社内の異動者や中途採用組の異動者です。田籠さんは、話を聴くうちに、各層の悩みや不安の共通項が見えてきたといいます。

まずは新入社員。今どきの新入社員は入社早々、パワーポイントを駆使して素晴らしい資料をサッと作り上げてしまう人も珍しくありません。ところが、当然ながら、その資料で掲げた目標などを即座に実践することはできません。そこで葛藤を抱えることになります。もうひとつは、学生時代には「周囲が分からなくても自分だけはわかっている」といった「優秀さ」を発揮していましたが、入社した途端「周囲はわかっているのに自分だけ分からない」という状況に陥り、愕然《がくぜん》とするといった悩みや不安です。

サントリーの田籠さん

樫谷さんはこんな言葉をかけるそうです。「入社早々、まったく経験のない人が何でも簡単にできてしまうなんてことはありませんよ」。そして、「わからないことがあって当然。何がわからないか、職場で発信していきましょう」と伝えています。

一方、キャリア採用として中途採用された人にとっては、「即戦力」「経験者」という言葉がプレッシャーとしてのしかかります。そこでTOOは考えます。「経験者といっても、うちの会社は経験してないからな」（樫谷さん）。相手がふっと肩の力を抜けるような言葉をかける

サントリーの樫谷さん

といいます。

ＴＯＯの役割は、あるときはメンター、またあるときはカウンセラー、コーチャー。相談者がメンタルの面で深刻な状況にあると察知した場合は、本人の了解を得た上で、社内の診療所やキャリアサポートの担当者らにつなげます。一方、中途入社組に支援が必要と思っても直接上長に進言したりはしません。むしろ会社に、中途採用者に対するコーチング制度を提案するなど、環境づくりに目を向けます。ライン管理職ら現場を尊重し、常に間接的な課題解決アプローチをとるのです。

時には、大ベテランの樫谷さんでさえ、整理がつかないような相談が持ちかけられることもあります。そうした際は他のＴ〇〇に相談したり、月１回の「Ｔ〇〇会議」で意見交換をしたりします。社歴40年以上の大ベテランでも、他者との対話なくしては、実りある「おせっかい」は続けられないのです。

二回り下の上司に自ら声かけ、ほどよい距離感

２０２１年４月、70歳までの継続就業を企業の努力義務とする改正高年齢者雇用安定法が施行されました。職場で活躍するシニアは増えていますが、若手社員が思っている以上に、職場でのコミュニケーションを巡りシニアは悩みを抱えています。「つい成功体験を語ってしまう」「年下の上司を前にプライドを捨てられない」……。

だが、樫谷さんは「年下の上司なんて当たり前」ときっぱり。「僕はひと回りどころか、ふた回りも下の課長のもとで働いている」と笑い飛ばします。その課長に対しては、「遠慮しないでなんでも言ってほしい」「こちらからも気づいたことを言うから」と折に触れて声をかけ、ほどよい距離感を保つよう努めているそうです。

実は、サントリーの全国Ｔ〇〇会議でも「シニア社員が訴えを聞いてもらえる場に

飢えている」との課題が過去に持ち上がりました。本来シニアはTOOによる面談の対象外ですが、このときはシニア社員向けに集中的に面談を実施。そこで浮き彫りになったのは、経験豊富な彼らであっても若手や中途入社組などと同じく、目配りが必要だということです。

なかには「この歳で初めてやらされた」という仕事にアップアップしている人も。リモートワークの常態化で、仕事の進め方や意思疎通の方法に戸惑いを覚えるシニア社員もいます。樫谷さんのもとには、時々、そんな彼らから「どういうことやねん」と電話がかかってくるといいます。ただ、不満をひと通り吐き出すとシニア社員も気持ちが収まるそうです。

もうひとつ。シニア社員が気持ちよく働いて潜在力を発揮できるか否かは、管理職の腕次第でもあります。2020年夏、サントリービバレッジソリューションでは、ある社員が定年退職をするにあたり、彼より若い職場の上長が「卒業講演」の機会を設けました。この講演を聞いた樫谷さんと田籠さんは、「若い人たちに伝えたい」と1時間にわたって熱弁をふるった定年退職者の言葉に、涙があふれたといいます。

この例のように、上長がシニア社員に対する敬意の念を表明したり発信したりすることも大切です。「シニア社員も若手社員も、互いにリスペクトする気持ちがあれば、ジェネレーションギャップなど問題にはならない」と、樫谷さんは考えています。

シニア社員の職場での対話３つのポイント

❶自らの価値基準で判断せず、相手の話を受けとめる「傾聴」の姿勢
❷同じこともプラスの言葉に置き換えて伝える工夫を
❸課題解決では黒子に徹する

外国籍社員が抱く「違和感」――飲み会と会議のギャップ

社内にマイノリティのコミュニティ（自主的活動グループ）をつくり、これを中心にワークショップなど対話の場をつくる動きもあります。2000年代に女性のグループに始まり、最近ではLGBTQや外国籍社員のコミュニティ活動なども始まっています。

そんな職場のひとつ、2021年4月に社名変更をしたソニーグループの取り組みを紹介しましょう。日本で働く外国籍社員が、コミュニケーションにおいて、どのような違和感を抱いているか――。ソニーグループはここに着目して、2019年から異文化コミュニケーションのワークショップを開いています。ここでの取り組みから浮かび上がった、外国籍社員との対話で留意したいこととはどのようなものでしょう。

ソニーグループR&Dセンターで働くドイツ人社員ヘンチェル・ミヒャエルさんは、グループ会社も含め国内の社内有志によるダイバーシティ推進組織DIVI@Sonyのグローバルチームのリーダーを務めています。グローバルチームは、日本に住む外国籍社員が働きやすい環境づくり、社員のグローバルマインドの醸成をめざしています。

ミヒャエルさんはあるとき、日本語学校の先生と話すなかで、多くの日本人が日本で暮らす外国人の悩みについて知らないことに気づき、互いの理解を深める活動をしたいと手を挙げました。2020年度、異文化コミュニケーションワークショップを開くにあたり、ミヒャエルさんはある仕掛けを考えました。自身や同僚の外国籍社員の体験をもとに綴った「ある外国籍社員ステファンの日記」をもとに、議論をしようと考えたのです。まずはこの日記の一部を紹介しましょう。

「アニメの1シーンを体験しているようだ」

あるドイツ人社員ステファンは、日本で初めて飲み会に参加したとき、こんな不思議な気持ちになった。日本に出張したときのこと、初日にチームのメンバーがおいしい日本酒と日本料理の店に連れていってくれた。

和やかな雰囲気のなか、メンバーはリラックスして最近の流行や家族の話などをしていた。そのなかで男性社員らが自分のことを「俺」と呼んでいるのが聞こえてきた。語尾は、「そうだよね」とか「美味しいね」など、「よね」や「ね」が使われている。

初めて耳にする日本語で驚いた。メンバーとはビデオ会議で顔を合わせてきたし、ビジネス日本語も学んできて会話に不自由はなかった。しかし、こうした会話は初めてだった。「アニメかドラマの1シーン」に飛び込んだような気持ちになった。

会議で「お芝居」をしている日本人?!

2021年2月、オンラインで2回にわたり開かれたワークショップに参加したのは、日本オフィスに勤める外国籍社員、日本人社員計70人。「ステファンの日記」は、ここで使われました。

テーマは「フォーマルとインフォーマルのコミュニケーション」と設定されました。参加者同士で議論をするにあたり、まず冒頭のステファンさんの飲み会体験が紹介されました。今回のテーマの本題は、ここからです。ステファンさんの物語は、こう続きます。

飲み会の翌日午後、他部署交えての会議があった。驚いたことに、前の晩に「俺」

DIVI@Sonyが開いたオンラインでの異文化コミュニケーションワークショップ（ソニーグループ提供）

と言っていた人が、突然「私は～」と切り出し、「私どもは～と考えますが、如何でしょうか」と丁寧語で話し始めた。発表者は他の参加者とアイコンタクトを交わすことはなく、自由な発言もほとんどなかった。会議は録音も録画もされておらず、会社として正式なスピーチを要求されているわけでもない。混乱してしまった。

物語がここまで紹介されたところで、参加者に問題が出されました。ステファンさんにとって、この会議の光景はどのように見えたでしょうか。その理由も考えてみてください。

これに対する選択肢として以下の４つが提示されました。

1　日本人のチームメンバーは実は仕事が好きではなく、イヤイヤやっている。
2　日本人はプライベートでは仲良くなれるが、仕事の人間関係は実はよくない。
3　みんなが初対面のふりを演じるお芝居をしている。
4　日本ではフォーマルな場では敬語の間違いをしてはいけないので、みんなが緊張している。

これらについて、参加者はそれぞれ意見を出し合い、笑いあり、突っ込みありで、おおいに盛り上がりました。ひと通り意見が出たところで、主催者から答えは3番「みんなが初対面のふりをするお芝居をしている」だと明かされました。「ステファンの日記」から、心情が次のように説明されました。

ステファンは、会議では皆が事前に用意した台本を読み上げているようで、芝居のような印象を受けた。すでに親しい間柄なのに、なぜ急に改まった話し方をするのだろう。なぜ皆、初対面のようなふりをするのだろう。「公式」の場で改まった言葉を使うと、その人の感情が見えなくなってしまう。形式的な印象を受ける。しかし、日本人は誰もそれを「奇妙」なこととは思っていない。

ドイツでは一般的に、社内のプレゼンテーションでも、部門全体のミーティングでも、メールでも、文体を変えることはほとんどない。互いに見知った者同士では、カジュアルなコミュニケーション・スタイルだ。

日本でも、公式、非公式の使い分けなどせずに、親しい間柄ならカジュアルにコミュニケーションをとればいいのではないかと思ってしまう。

「ある外国籍社員ステファン」は日本人のコミュニケーション・スタイルを見て、このように「奇妙」な感覚を抱き、疑問を持ったのです。

日本人社員との距離感をつかみづらい ——どこまで親しく話していいの？

参加したソニーのソフトウエア技術部門のエンジニア、中国人社員の張伊喆《チョウイテツ》さんは、わかるなあと頷きました。張さんもまた、居酒屋に上司や同僚と飲みに行ったところ、いつもは冷静沈着な上司がハイテンションになり、最後にハイタッチを求めてきて面くらったといいます。

公私で上司や同僚の振る舞いが大きく異なるため、「相手との距離感をつかみづらい。親しみを持っての表現がどこまで許されるのかわからない」と戸惑いを見せます。先日も課長との1on1面談で、うっかり敬語を使わず話してしまい「失礼だったかな」と終了後に気になったといいます。

日本人にとっては、職場の飲み会とオフィスでは、会話のスタイルが違うのは当たり前。そんな「当たり前」は、外国籍社員にとっては「奇妙」なことに映るのです。

ワークショップの議論を通して、多くの人にとっての気づきとなりました。

もうひとつ、盛り上がった話題があります。外国籍社員の名前の「呼び方」です。

「外国籍社員は、自分の名前をどのように呼んでもらいたいと思っているでしょうか」

こんな問いかけを受けて、参加者から様々な声が上がりました。

「欧米人はファーストネームで呼ぶことが多いけど、アジア系の人はたいていファミリーネーム（苗字）で呼ぶのが一般的だと思います」と、ある日本人社員。

「中国では、張伊喆とフルネームで呼んで、『さん』をつけないのが一般的です。日本では私の場合、張さんか、伊喆さん。どちらで呼ばれてもいいです」と中国人の張さん。

DIVI@Sonyのワークショップに参加した佐藤さん(左)、張さん(右)

これを受けて今回のワークショップのファシリテーター、日本語教育研究所理事の鈴木有香さんは、こう解説をしました。

「日本の職場で働いている場合、米国人でも、ファミリーネーム(苗字)で呼ばれたほうがしっくりくるという人もなかにはいます」

「アジア系の人のなかには、ファミリーネーム(苗字)で呼ばれて寂しいと思う人もいるそうです。日本人の社員は、米国人には親しみを込めてファーストネームで呼びかけるのに、アジア系の人にはそうしない……。そのため、アジア系の人たちが日本人から少し距離を置かれていると感じてしまうのです」

参加したソニーグループ、グローバル経理センターの佐藤美和さんは、外国籍社員と仕事をすることが多いのですが、ハッとしました。「その人によって心地よい呼ばれ方は違うのですね」。早速職場で、どんなふうに呼んでもらいたいのか、本人に直接確認するよう心がけているといいます。

今回の異文化コミュニケーションのワークショップは、日本人社員の言葉や振る舞いのどんな点が、外国籍社員にとって「奇妙」に映るのか、「違和感」を抱かれるのか、「見える化」するもの。これを対話の場で共有することで、互いの背景にある文化やバックグラウンドの違いが少しずつ見えてくるのでしょう。

参加した佐藤さんは「日本人は外国籍社員に対して気を遣いすぎか、あるいはまったく（思いに）気づかないか。両極端に振れているのではないか」と考えました。中国人社員の張さんは、設問に対する答えが、同じ国籍の社員であっても人それぞれであったことから「国籍によるステレオタイプで、相手を決めつけてはいけない。人にはそれぞれ個性がある」と改めて感じたといいます。

ワークショップのテーマは、２０１７年に日本オフィスで働く外国籍社員向けに

DIVI@Sonyが行ったアンケート調査を参考にしています。具体的なシーンは、先述したように外国籍社員の実体験をもとに設定されました。ワークショップは、主催者が物語、そして質問と答えの選択肢を用意して、参加者が意見交換をしながら答えを探っていくというゲーム形式で進められました。現実の課題を踏まえた設定、そして進め方の工夫によって、参加者は楽しみながら議論を深めることができたのです。対話を促す、活性化する仕掛けづくりも重要なことがわかります。

外国籍社員との対話で気をつけたい3つのポイント

❶日本人は公式／非公式でコミュニケーション・スタイルが大きく違う。外国籍社員はこの差に戸惑い、相手との距離を測りかねている

❷外国籍社員が「奇妙」だと感じていることを「見える化」する

❸同じ国籍でも感じ方は様々、国籍によるステレオタイプを排して、個々人の個性に着目する

「やさしい日本語」は障がいのある人からすべての人まで

社内少数派をサポートするため、企業内でコミュニティをつくる動きは、外資系や急成長中の企業でも見られます。メルカリにもまた、女性、障がい者、外国籍社員などが働きやすい環境をつくるための社内グループがあります。障がいのある社員らとの対話から共有された、「やさしい日本語」のポイントとは――。


「直接お会いするのは、8カ月ぶりですね」

「いつもオンラインで顔を合わせていたから、久しぶりという感じがしませんね」

テレワークが続くなか8カ月ぶりに出勤して、笑顔で対面した上長との会話。実はこれは、手元のスマートフォン（スマホ）でチャットアプリを使ってテキスト入力された言葉です。メルカリでデータ読み込み業務を担当するアノテーションチームの村山和也さんは、こうして職場で言葉を交わしています。

村山さんには聴覚障がいがあります。上長である労務チームの東江《あがりえ》夏奈さんとの普段の「会話」は、チャットツールの「Slack（スラック）」、もしくは音声入力や

メルカリの村山さん（左）、東江さん（右）

チャット機能もあるスマホ向けアプリ「UDトーク」を使っています。

村山さんは中途入社組。前職の定型業務に飽き足らず「もっと自分を成長させたい」と、２０１９年にメルカリに飛び込みました。同社への転職が村山さんにもたらしたのは、キャリア形成でのプラスだけではありませんでした。

「（入社してみたら）想像以上にチャット文化が浸透していて驚きました」。文字でのやりとりならハンディを感じなくて済みます。職場でのコミュニケーションで疎外感を抱くことは、ほぼないといいます。

同社の場合、チーム内のコミュニケーションには主にスラックを活用。案件ごとにチャンネルが立てられ、様々な打ち合わせも各チャンネル内で進んでいきます。このチャンネルとは、案件やテーマごとに設けられるアプリ内の「場」といったもの。各チャンネルでは、アクセス権が設定されたメンバーがメッセージやファイルを共有することができます。

コロナ下で原則テレワークとなるなか、同社のチャット文化はますます進化しました。在宅勤務で孤立感を抱く社員がいるとして、スラックに雑談や趣味のサークルなどのチャンネルが次々に立ち上がりました。

村山さんとの意思疎通でも、様々な工夫がみられます。一例が、村山さんが会議に参加する際のテイクノート（文字起こし）。ユニークなのは、スラックに「テイクノートボランティア」のチャンネルが設けられていることです。ここには、手を挙げた社員30人ほどが登録しています。

村山さんや会議主宰者は必要に応じて、このチャンネルにメッセージを入れて、文字起こしを依頼します。あるワークショップでは主宰者が、「muracchi（注：村山さんの愛称）さん参加…… note taking してくれる方を募集しています」と呼びかけました。

会議やワークショップでの発言は、クラウド上の文書作成ツール「グーグル・ドキュメント」を使って、ボランティアが入力していきます。全員で画面共有しながら、テキストでのコミュニケーションも可能にします。こうしたテイクノートは、最初から順調に機能していたわけではありません。文字起こしが発言のスピードに追い付かなかったり、周囲のつぶやきなど、会議の場で村山さんが把握したい情報がもれてしまったり。「あそこで、なぜみんなが笑ったかわかりませんでした」。東江さんはあるとき、村山さんからそんなメッセージを受け取ってハッとしました。

「短く、はっきり」、改めて伝わる表現とは？

どうしたら、村山さんがキャッチする情報を他の会議参加者と同じものに近づけることができるのでしょう。「時間差なく情報を共有したい」。試行錯誤の末に、東江さんは会議の進め方と文字起こしのルールを見直しました。

まず、会議参加者には、ひとつの議事が進んでいるときに、関連したテーマを傍らで話さないように要請しました。一方、テイクノートのボランティアたちには、雑談も書き起こすように依頼し、入力が間に合わない場合は、会議の進行を一時中断するようにしました。

　すると、会議の進行がシンプルになったばかりでなく、思わぬ効用がありました。どの話者も、「私の話がどのくらい伝わっているだろうか」と周囲の理解度をより意識して発言するようになったのです。参加メンバーにとっては、以前に比べて全体の流れを把握しやすくなり、自分が発言する際のハードルがぐんと下がったといいます。「会議のスピードは落ちましたが、明らかに質は高まりました」と東江さん。メンバーの配慮だけでなく、村山さん自身も、会議中にわからないことがあれば、スラックで質問を入れます。不明点は極力、その場でクリアにするようにしているそうです。

　テレワークの浸透もまた、コミュニケーションの在り方に見直しを迫りました。意思疎通の齟齬が起こりやすくなっているとして、同社は2020年、ホームページに「やさしい日本語」の手引きをアップしました（図3）。「短くはっきり最後まで言う」「あいまいな表現を使わない」「動作の視点に注意する。誰が何をするかはっきり言う」といったものです。

　実はこれは、「手話には『てにをは』がない」とある社員が気づいたのがそもそものきっかけ。そこから、「コミュニケーションでは、どんなメンバーにも伝わりやすいような表現を使おう」と提案してまとめたものが基になっています。聴覚障がい者

図3　メルカリ式　「やさしい日本語」の手引き

易しい

- □ 短くはっきり最後まで言う
- □ あいまいな表現を使わない（～って感じ、～みたいな、～たりしている、など）
- □ 尊敬語・謙譲語は使わない。「です・ます」を使う
- □ 動作の視点に注意する。誰が何をするかはっきり言う
- □ 二重否定を使わない
- □ オノマトペ（擬音語・擬態語）は使わない（ぐちゃぐちゃ、ふらふら、など）

優しい

- □ 積極的に言い換える
- □ 確認しながら、傾聴する
- □ 完璧でない日本語に寛容になる

出所：メルカリホームページ

のみならず、東京オフィスでエンジニアの約5割を占めるようになった外国籍社員との対話でも、「やさしい日本語」が必要だという意識が少しずつ高まっていました。ここからもう一歩進める形で、どんなメンバーにとってもわかりやすい「インクルーシブな（包括的な）コミュニケーション」を目指す取り組みも始まっていました。社内ワークショップが開かれたり、語学力アップを図るチャットランチが企画されたりしています。

改めて、伝わる表現とはどういうものでしょうか。

例えば、「やっぱり前倒しでやっ

たほうがいいというか」「申し訳ないと思っているんですけど、ちょっと急ぎたいって感じで」などはNGだといいます。うっかり使いがちなフレーズですが、「短くはっきり」「あいまいな表現は使わない」が基本というわけです。

「やさしい日本語」は、障がいのある社員、また日本語を学んでいる外国籍社員のみならず、すべての人にとってわかりやすい表現となります。様々なメンバーが働く組織では、「相手に伝わりやすい」「理解しやすい」といった「やさしさ」をもって対話をすることが大切なのでしょう。

障がいのある社員との対話で工夫したい3つのポイント

❶ 会議では同じ情報が得られるように工夫を。議論のスピードは落ちても「質」が高まる
❷ 社内チャットツールの活用で、支援をするボランティアを募る
❸ 障がい者にとって「やさしい日本語」は、どんな社員にも「やさしい」表現となる

有志コミュニティの活動が、ボトムアップの強力な補助輪となる

誰ひとり取り残さない「インクルーシブ（包括的）なコミュニケーション」を目指すとは、同質の集団内でしか通じないハイコンテクストなコミュニケーションから、多様な人と齟齬なく意思疎通できるローコンテクストなコミュニケーションへ転換する試みといっていいでしょう。知識や経験、国の文化を共有していなくても、言葉の意味するものを誤解なく受けとめることができるのが、ローコンテクストなコミュニケーションです。

メルカリは社内のワークショップやチャットトランチなどで、無意識のうちに使っているハイコンテクストに気づきを促し、ローコンテクストである「やさしい日本語」に切り替えるようマニュアルを公開して浸透を図っています。

ソニーグループの異文化コミュニケーションワークショップもまた、日本人にとって当たり前となっているハイコンテクストなコミュニケーションに揺さぶりをかけて、気づきを促すものです。

両社ともに、そうした活動を中心的に担うのが有志によるコミュニティであること

に注目したいと思います。

多様な人材を生かして価値を生み出す、そのための対話にはトップダウンとボトムアップが車の両輪として必要です。その両輪の軸となるのが管理職です。しかし、管理職に期待されるダイバーシティ・マネジメントは複雑で難易度の高いものです。管理職のなかでも、習熟度に差がありますし、D&Iの理解度にもばらつきがあります。そこで、多様性を推進する上で、ボトムアップの補助輪となるのが、社内コミュニティです。

ソニーグループの例をもう少し詳しくみてみましょう。先述したDIVI@Sonyは、D&I推進のために社員目線で課題をみつけ、社員自ら解決に向けて活動する国内のグループ横断プロジェクトです。2005年に発足し、まずはジェンダーをテーマに活動をスタート、その後、介護や男性育休、外国籍社員にも対象を広げ、現在は「育児」「介護」「グローバル」の3つのチームが活動しています。

例えばグローバルチームは、先に紹介した異文化コミュニケーションワークショップのほか、外国籍社員に対して日本の保険制度に関する情報提供を行うジェネラルワークショップ、日本人社員の異文化理解を進めるeラーニング、活躍する外国籍社員を紹介するロールモデル紹介などを行っています。

社員に対する働きかけにとどまらず、マネジメント層の啓発、経営トップへの提言も行うところが、注目に値します。あるチームメンバーは、「トップの目線と私たちの目線にギャップがある」「トップは上位概念でダイバーシティを考えていて、日々の悩みから遠いことが多い」といった課題を感じるといいます。チームメンバーと経営トップが直接対話をする機会もあり、こうした問題意識を経営トップに伝えたり、逆にトップからグローバルな視点で助言を受けたりしています。

実際にこれまで、DIVI@Sonyの提言が会社を動かしたこともあります。2007年に提言した「5年後に女性マネジメント倍増を目指す」という数値目標は、人事部門の活動目標となりました。また女性管理職の育成に向けてメンター制度の導入を提案、まずはDIVI@Sonyのメンバーが役員とのメンタリングトライアルを行い、その効果実証を受けて人事施策として正式導入されました。グローバルチームが2019年にトライアル実施した、外国籍の部下を持つ管理職向けのコミュニケーションワークショップもまた効果が認められ、人事部による研修となりました。

社内コミュニティが、社員と管理職と経営者の対話をつなぎ、多様性を推進する上でボトムアップの強力な補助輪となっていることがわかります。

グローバル時代は「CQ」をもとにした対話力が欠かせない

いま米国の先進企業で、異文化コミュニケーションのツールとして注目されているのが、「CQ（カルチュラル・インテリジェンス）」です。カルチャーの頭文字CにIQをかけた造語で、「多様な文化的背景に効果的に対応できる能力」といった意味です。グローバルビジネスの現場での対話力を磨くために、CQ力のアセスメントを行ったり、研修やワークショップを開いたりする企業が出てきています。

企業研修などを手掛ける一般社団法人CQラボ主宰の宮森千嘉子さんは、米国陸軍で行われたCQ研修を見て驚いたといいます。「これから◯◯という国に進撃を始めるにあたり、先方と交渉を行う。相手国の文化の特徴を2分で説明せよ」というお題が出されたのです。異文化の相手と交渉をするには、相手国の文化がどのようなものか、文化に根差したコミュニケーション・スタイルがどのようなものか、これを知らないことには、交渉の成功はおぼつかないということです。

なぜ、相手国の文化の特徴を知ることが、コミュニケーションの第一歩となるのでしょうか。生まれ育った国の文化は、およそ思春期を迎える頃までに、思考・行動パターンに刷り込まれるといわれています。人は、自身が所属する組織、職業、ジェンダー、世代など、それぞれの集団の文化を意図せずとも適用して行動しています。さらに無意識のうちに最も大きな影響を受けているのが、国の文化というマインドプログラムです。

文化人類学者として国のマインドプログラムの研究を始めたのが、エドワード・ホールです。第二次世界大戦後に植民地の調査を始め、各国文化の背景にある価値観を分析して世界に知られるところとなりました。ホールが提示した文化軸のひとつが、27ページで触れたハイコンテクスト、ローコンテクストです。

その後、オランダの経営学者ヘールト・ホフステードが、ビジネス領域で国のマインドプログラムの研究を進めました。ホフステードは1967〜1970年にかけ、当時所属していたIBMで、72カ国の同社社員11万6000人を対象に従業員意識調査を行いました。これを分析したところ、従業員の意識や行動の違いは、職種や性別・年齢といった属性よりも、国の文化の違いによる影響のほうが大きいことを見出します。その後ビジネススクールで教鞭をとるようになったホフステードは、国の文化を世界で初めてスコア化しました。

ホフステードが6つの軸で国民文化の価値観を分析した「6次元モデル」が知られ

ていますが、今回はその中からコミュニケーション・スタイルへの影響が大きい４つの次元を紹介します（次ページの図４）。２０１０年に出版されたホフステードの著書『Cultures and Organizations』第三版をもとに、世界の中で日本はどんな位置にあるのか、そのスコアも示しています。

生前のホフステードから指導も受けた宮森千嘉子さんに、この文化モデルを、ビジネスの現場でのコミュニケーションにどう生かせばいいのか、解説してもらいましょう。宮森さんは、ＧＥ、ＨＰなど外資系企業で働いたのちに独立、これまで50カ国以上の外国人と共に仕事をしてきたといいます。そのときのコミュニケーション上での失敗をホフステードモデルで振り返ると、ほぼ説明がつくといいます。

異なる国の人とのコミュニケーションでは、まず「聴く」姿勢が大切だといいます。「相手が何を言わんとしているのか」、耳を澄まします。そして自身を斜め上の視点から見下ろすような「メタ認知」で、自分と相手との価値観の違いを捉えます。このとき、ホフステードの文化モデルを頭に入れておくことで、自身のコミュニケーションの引き出しを増やすことができ、相手に応じて対話スタイルの使い分けができるようになります。

では図４、図５（１３１ページ）をもとに、異文化の人と向き合うにあたり、対話

図4　コミュニケーションに影響する、国民文化の価値観の違い

社会と個人の関係性

内集団の利害が優先される「集団主義」 or 個人の利害が優先される「個人主義」

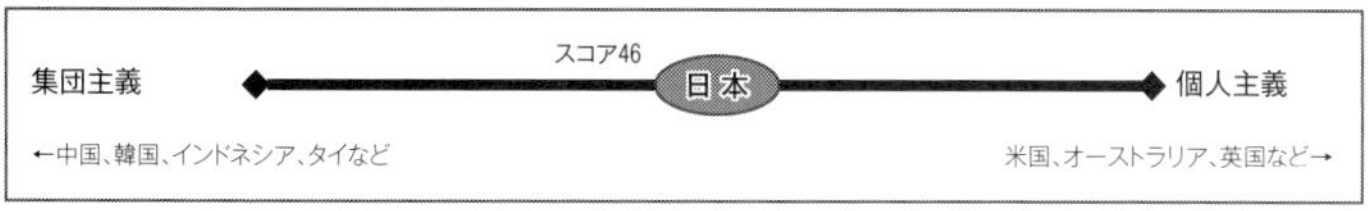

権力との関係

権力（パワー）が不平等に分布していることをどの程度受け入れるか

動機づけ

業績重視で目標達成に向けての努力が求められる or 生活の質重視で弱者を支援する福祉を重んじる

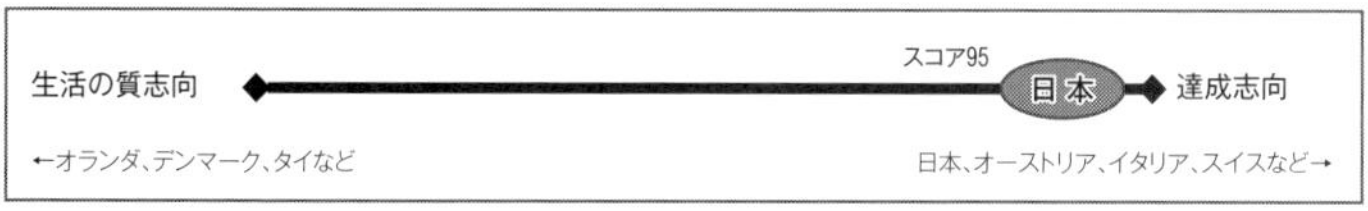

不確実性への対応

不確実で曖昧な状況を受け入れる or 失敗するリスクのある不確実性を避けようとする

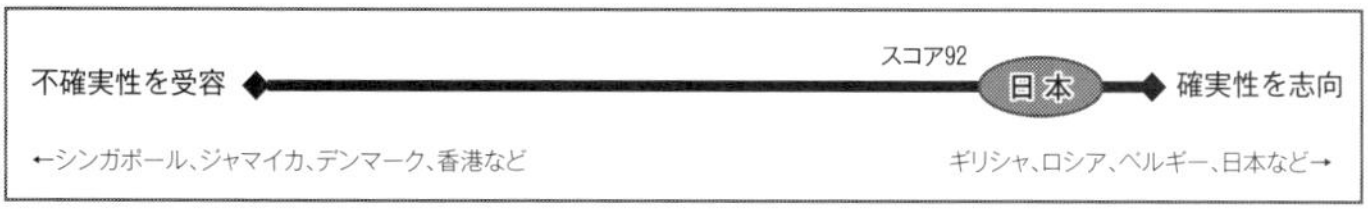

注：ホフステードが著した『Cultures and Organizations』（第3版、2010年刊、76カ国の調査分析）にもとづき、宮森千嘉子氏作成。「動機づけ」は、ホフステード氏が「女性性／男性性」としたものを、「動機づけ」と置き換えた

スタイルをいかに使い分けるか、具体的にみていきましょう。「社会と個人の関係性で集団主義か／個人主義か」でいうと、集団主義の国では、職場で意見の相違を避け、「相手が聞きたいことを話す」傾向があります。一方の個人主義の国では、意見の相違は当然として「自分の考えを話す」直接的コミュニケーションをとります。この軸において、世界の中で中間に位置する日本は、欧米の人からすると集団主義的と映り、「秘密主義」「何を考えているか分からない」と思われがちです。一方、日本より集団主義の国であるインドネシアやタイなどの人からすると、日本人は個人主義で「冷たい」「無礼だ」とみられがちです。

そこで、欧米のような個人主義文化の人と対するときには、「YES／NOを明確にする」「フィードバックは個人に直接する」などが対話のポイントとなります。逆にアジアなど集団主義文化の人と対するときは、「人間関係を重視して、関係性を深める社交辞令を用いる」「フィードバックは間接的に行う」ようにします（図5）。

続いて「権力格差が大きいか／小さいか」でもまた、日本は世界のなかで中位にあります。日本より権力格差が大きい国（ロシアや中国など）の人に対しては、肩書・形式を重んじ、常に情報を提供するようにします。一方、権力格差が小さい国（豪州、北欧など）の人には、誰もが平等であるとして意見を積極的に求めます。

図5　異なる文化的次元を持つ人と対話するには？

社会と個人の関係性		
「集団主義」文化の人		**「個人主義」文化の人**
・人間関係を重視、関係性を深める ・社交辞令を使う ・間接的なフィードバック	⟷	・タスクに集中する ・個人への直接的フィードバック ・YES/NO を明確に
権力との関係		
「権力格差・大」文化の人		**「権力格差・小」文化の人**
・肩書や形式を重んじる相手の立場を尊重する ・相手に常に情報を提供（サプライズはしない）	⟷	・アイデア／意見を積極的に求める ・誰でも平等に扱い、信頼して任せる
動機づけ		
「生活の質志向」文化の人		**「達成志向」文化の人**
・歩み寄りの可能性を大切にする ・Win/Win のコミュニケーションを重視	⟷	・決断力と主張力を持つ ・知的な議論をいとわず、それを対立と捉えない
不確実性への対応		
「不確実性を受容する」文化の人		**「確実性を志向する」文化の人**
・なぜそのルールが重要なのかを説明する ・どこまでが許容範囲なのかを事前に話し合う	⟷	・相手のルールや仕組みを理解する ・専門家の意見を参考にする ・適切な質問をする

注：宮森千嘉子氏作成の資料より抜粋。コミュニケーションの傾向がどう表れるかは、他の次元との組み合わせによっても異なる

日本の大きな特徴として「達成志向の動機づけ」が極めて強く、かつ「不確実性回避」をする傾向が強いことが挙げられます。例えば、欧米人と会議をするとき、何も発言しない日本人は不可解だとされます。その背景には、日本には不確実なこと、完全ではないことを不用意に発言しないという文化があるのです。日本人にはそうした文化が刷り込まれていることを念頭に置く必要があります。

「達成志向の動機づけ」の対極は「生活の質の動機づけ」、対話では歩み寄りが大切です。また日本とは対照的に「不確実性を受容する」国の人とは、変化を受け入れることを前提に「どこまでが許容範囲なのか」事前に話し合う必要があります。

こうした文化の違いは、グローバルビジネスを担う人なら、既に何度も経験してきたことでしょう。では日本のオフィスで働く外国籍社員との対話はどうでしょう。日本で働く外国籍社員は、日本の文化に同化しようと努めるので、日本人社員は文化の違いを見過ごしてしまうこともあります。それでは、違いから生まれるイノベーションの芽をつぶしかねません。「外国人のメガネをかけてみて、判断を保留する、自分の中でシミュレーションしてみる」ことを宮森さんは勧めます。さらに日頃からCQ力を高めるには、社会的出来事や日本人の行動などを、ホフステードモデルで分析するのも有効だといいます。例えば「なぜ日本では電車で丁寧なアナウンスがなされるのか」を考えてみると、日本人の「不確実性の回避」の表れと考えられます。新型コロナウイルス感染拡大に対する各国の行動制限やワクチン接種の方法も、ホフステードモデルで説明できそうです。

「人間のサバイバルは、違う考えを持つ人と協同する力にかかっている」と、ホフステードは1980年に出した世界的名著『Culture's Consequences』（邦訳『経営文化の国際比較』、1984年）で語っています。これからグローバルな社会を生き抜くには、CQが欠かせない力のひとつとなりそうです。

第3章

経営トップの物語から社員の「対話」が変わる

トップの語るダイバーシティの「ストーリー」

「会社が『ダイバーシティ推進に力を入れる』とか言い始めたけど、うちの会社になぜ必要なんだろう」「女性活躍推進って騒ぎすぎ。女性社員は十分、優遇されていると思うんだけど」。もし、こんなつぶやきをもらすとしたら、「わが社にとって、なぜダイバーシティ推進が必要なのか」というストーリーが、腑に落ちるように語られていないからでしょう。

経営陣には、社員が腹落ちするように、D＆Iのストーリーを語る責任があります。一般論ではなく、D＆Iを経営戦略の文脈の中で意義づけ「わが社にとっての必要性」を語ることが重要です。わが社オリジナルのD＆Iストーリーが必要なのです。

最初に日本マクドナルドの例をみてみましょう。2021年5月、同社の日色保社長は、社内の中堅リーダー向けD＆I研修でこう語りかけました。

私が日本マクドナルドに来たのは、2年半ほど前のこと。社長に就任して間もなく研修のため店舗に立って驚きました。

第3章

経営トップの物語から
社員の「対話」が変わる

日本マクドナルド日色保社長

こんなにもたくさんのお客様が、そしてなんと様々なお客様がいらっしゃるのかと。朝早くには高齢の方や出勤前の会社員、日中はお子さん連れの主婦層、夕方になると中高生、夜には大学生や夕食を買いに来る方、深夜には飲み会帰りの人……。お客様を迎えるスタッフもまた多様です。主婦や高校生、大学生、外国人……、年代も10代から80代までと様々な層の人がひとつの店舗で働いています。まさにダイバーシティに富んだ職場、社会の縮図です。

多様なお客様のニーズを捉えて戦略を立てるには、スタッフの側にも多様性が求められます。多様性に富んだ組織であることは、我々が存続するための必須条件なのです。もはやひとつの考え方ではビジネスは成り立ちません。

みんな違っていてあたり前、スタッフ一人ひとりが尊重され、そしてベストが出せる職場であることが大切です。自分の仕事に意味がある、職場で役に立っている、成長している、承認されていると思えたなら、エンゲージメントのレベルが上がります。皆さんのリーダーシップにより、これまで80%の力しか出せなかったスタッフが120%の力を出せるようになれば、チーム全体のパフォーマンスも5割増しになるはずです。

日本マクドナルドにとって、なぜダイバーシティが必要なのか――。明快な語りかけです。説得力のあるストーリーになっているのは、冒頭で語られる日色社長の店舗での「体感」が、聞き手の「共感」につながるからではないでしょうか。心で感じて頭で理解する、そんなダイバーシティのストーリーは、ストンと腹に落ちてきます。

日色社長の就任時の4カ月に及ぶ店舗研修は、トイレ掃除に始まりました。店舗で指導してくれたのは、クルーと呼ばれるパート・アルバイト従業員の主婦や大学生など。子どもほど年齢の離れた学生から「日色さん、接客いいっすね。でも、お辞儀の角度が違うんですよ」と注意されたといいます。クルーの顔ぶれは実に様々です。人生で辛酸をなめた70代の人もいれば、就職活動に悩む学生アルバイトもいます。日色社長は前職のジョンソン・エンド・ジョンソン（J&J）時代、医師や検査技師など国家資格を持つ人ばかりを顧客としてきましたが、マクドナルドの店舗に身を置き、その多様性に目を見張る思いがしたのです。その実感をもってD&Iの意義を説いたことが、説得力につながったのでしょう。

改めてリーダーはいかにD&Iのストーリーを語ればいいのでしょうか。

先述した通り、D&Iのストーリーは、自社の置かれた状況を踏まえたもので、経営戦略のなかで意義づけされている必要があります。D&Iの一般論であったり、自社の経営状況や現場感覚から乖離《かいり》していたりすると、社員にとっては「自分に関係ない」こととなり頭の上を通りすぎてしまいます。我が社オリジナルのD＆Iストーリーが必要なのです。

優れたストーリーは、受け手の心を動かします。「抵抗」よりも「受容」を引き出し「ものの見方」に変化をもたらすのです。D＆Iでもまた、従来の均質な組織ではもはや存続・成長はできないとして社員のものの見方を変える、危機感を醸成するようなストーリーが求められます。そしてD＆Iを最終的に実践するのは、社員一人ひとりです。そこで変化を担う「自発性」を引き出すことが必要です。社員が心動かされて、その変化を担おうとしない限り組織は変わりません。改めて、D＆Iのストーリーの要件を3つにまとめると、次のようになります。

1　自社の経営戦略に沿ったオリジナルのD＆Iストーリーである
2　社員の「ものの見方」を変え、危機感を醸成する
3　社員が変化を担う自発性を引き出す

最初は、社長からの一方的なストーリーの語りとなるかもしれません。しかし、そ

のストーリーが社員の心を揺さぶれば、その言葉は職場で燎原の火のように広がっていきます。現場での対話も変化します。ただし、経営トップによるただ一回の語りで、魔法のように変化が起きることはあり得ません。リーダーと社員との対話を繰り返す、状況が変われば、その言葉にも少しずつ修正を加える、そしてまた共有する。そうした弛まぬ対話が必要なのです。

マイノリティ社員の「安心できる居場所」をつくる

経営者が、D&Iを経営戦略のなかで意義づけ、わが社ならではの意味を語ることは、社員に腹落ち感を与えると同時に、社内マイノリティに対して「あなたはここにいてもいいんですよ」というメッセージを送ることとなります。マイノリティ社員に「安心できる居場所」をつくるのです。

グループを挙げて、ダイバーシティの推進に取り組んでいる東急のある女性社員の例を挙げましょう。

東京急行電鉄（現・東急。鉄道事業は現・東急電鉄に分社）は1999年に改正労働基準法などの施行で女性の深夜労働が解禁されたのを機に、「優秀な人材を確保しよう」と技術職の女性の採用を始めました。第1章の「24時間交代勤務の鉄道現場に女性を迎える」で触れたように、泊まり勤務などに入る女性のため、男性用となっていた宿泊室を改装して、男女それぞれの宿泊室を設置。「女性を『ちゃんづけ』で呼ばない」など、女性社員を受け入れるにあたって、研修も行いました。

ただし、24時間体制で鉄道を保守・管理するような現場では、かつては「風呂上がりの男性社員が、パンツ1枚で歩いているような職場でした」。こう笑うのは東急電鉄広報CS課長の高橋彩子さん。高橋さんは建築士として2002年に東京急行電鉄に2人目の女性技術職として入社し、夜間工事にも立ち会った女性社員の第1号です。入社以来パイオニアとして活躍しながらも、社内でのびのびと振る舞えるようになったのは、入社して十数年ほどたってからだといいます。

入社当時は「男性と同じように働くこと」でまずは一人前と認められることを目指し、その後は「女性ならではの視点」を求められました。結婚や出産も経ながら、女性の視点、母親の視点を生かして、駅トイレの照明を変えたり、ベビーカーを引く親にも優しいトイレやエレベーターを開発したりしました。会社に貢献しつつも、育児との両立にどこか「私は迷惑をかけている」という思いがぬぐえませんでした。

ところが2010年代に入り、会社は従来以上に女性の活躍に力を入れるようになりました。多様化する社会のニーズを捉えるため、同社の成長に欠かせないという意識が高まったのです。「会社の空気が変わり始めました」(高橋さん)。ダイバーシティ推進を看板に掲げる部署が発足し、企業風土や社員のマインドを変えると、会社から明確なメッセージが発せられたのです。

そうしたなか、高橋さんは第2子の産後8週間の休み明けの翌日に管理職採用試験を受けるように促されます。社内の昇進昇格の時期から逆算しての要請が、たまたまそのタイミングとなったのです。「(女性を登用するという)会社の本気度を感じました」。育休明けに管理職に昇進。入社して十数年、ようやく「私は会社に必要とされている」と思うことができたと振り返ります。

東急の高橋和夫社長は折に触れ「当社の成長にとって、お客様の考え、気持ちを理解できるよう、女性社員がさらに活躍し、サービスや商品などに女性の考え方や価値観を反映することは大変重要だ」と語っています。グループの中核企業の経営トップから、また管理職から、女性の活躍を本気で進めているというメッセージを受け取ることで、「ここにいてもいい。必要とされている」と思えるようになったのです。ただし、経営トップからの発信が会社の施策と連動していることが重要なのは、言うまでもありません。

多様な社員にとって対話の「軸」となる「共通言語」を示す

人材が多様化すればするほど、求められるのは社内の「共通言語」です。といっても、英語を社内共通語とする、といった話ではありません。個々のメンバーが抱える背景や言葉の違いを乗り越え、皆で価値観を共有するための言葉です。ダイバーシティ経営を目指すのなら、こうした「共通言語」を社内で共有する必要があるでしょう。「共通言語」は、従来の日本企業の経営では経営理念や社訓として示され、近年ではパーパス（存在意義）、ミッション（使命）、バリュー（共有する価値観）といった言葉で語られるようになってきました。

日本マクドナルドの日色社長は、これらを「コモンインタレスト」と呼びます。日本の組織の多くは、同質性が高いため「違い」に目が向きがちです。しかし、多様性に富んだ組織ほど「コモンインタレスト」、すなわち共有する価値、共通の利益に目を向けるといいます。コモンインタレストを共有することで、組織の求心力が高まりチームのパフォーマンスが向上します。コモンインタレストが、メンバーの対話軸となるのです。

日色社長は前職のJ&J時代に、「コモンインタレスト」を共有する大切さを痛感する経験をしました。ある手術用機器を米国テキサス州で生産していましたが、なかなか品質が向上せず考えあぐねていました。テキサス州から一歩も出たことのない工場の社員たちに、日本で求められる品質をいくら説いても響かなかったのです。「米国の品質基準は違いますから」「日本はオーバースペックです」といった言葉が返ってくるばかりです。そこで、日本で働く小児科の心臓血管外科医をテキサス工場に招いて、実際の手術の映像を見せながら手術用機器がいかに使われているかを説明してもらい、手術により子どもたちがいかに健康を取り戻したかを語ってもらったところ、工員たちは涙ぐみながら聞き入ったといいます。その後、製品の品質は一気に向上しました。人種・国籍が違っても同じ人間、価値観を共有することはできます。J&Jのクレド（我が信条）と呼ばれるコモンインタレストに改めて立ち返り、これを腹に落とすことで、組織に変革を起こすことができたのです。

いまマクドナルドでは、世界共通のパーパス、ミッション、バリューをコモンインタレストとして掲げています。日本マクドナルドでは、正社員約2000人のみならず、全国約2900店舗で働く約18万人のクルー（パート・アルバイト従業員）の間でも共有しています。パーパスは「おいしさと笑顔を、地域の皆さまに」、ミッションは「おいしさとFeel-Goodなモーメントを、いつでもどこでもすべての人に。」。そのもとで5つのバリューを定めています。お客様第一の「サーブ」、多様性を活かす「インクルージョン」、正しいことを行う「インテグリティ」、地域に貢献する「コミュニティ」、力を合わせて成長する「ファミリー」の5つです。

最前線の店舗で働くクルーにこそ、コモンインタレストを共有してもらいたいと、アルバイト初日のオリエンテーションでは、ミッションやバリューを考えてもらう時間をとっているといいます。パート・アルバイトや正社員といった雇用形態、年代、性別も関係なく、スタッフ皆がひとつの価値観を共有することから、職場の対話が始まるのです。

ここで改めて、経営層からのメッセージを、言外の意を重んじる「ハイコンテクスト」、すべて言葉通りで伝えようとする「ローコンテクスト」の軸で読み解いてみます。ローコンテクストな文化の国では、含みのない言葉によるコミュニケーションが重視されます。その筆頭とされる米国でも、自社ならではのクレド（わが信条）といったハイコンテクストを共有することが如何に重要か、日色社長のJ&J時代のエピソードが物語っています。さらに工場や店舗といった現場でも、パート・アルバイトや正社員など、雇用形態にかかわらず、パーパスやバリューといったハイコンテクストを共有することにより組織に求心力が生まれるのです。

また、異文化コミュニケーションを専門とするINSEADのエリン・メイヤー教授によると、ハイコンテクスト文化圏では、教養があるほど話す側も聞く側も読み取る能力が高くなり、経営トップからのメッセージは、よりハイコンテクストとなる可能性が高くなるといいます。日本はその典型です。これに対し、ローコンテクスト文化圏では教養がある人ほど明解かつシンプルなメッセージを発するようになります。ビジネスのグローバル化、人材の多様化が進むなか、日本企業の経営者も状況を見極めつつ、時にはローコンテクストなメッセージを発する必要が高まっているのです。

バリューは採用・評価など人事システムと連動し面談の対話軸に

急成長により中途採用が増える企業でもまた、「共通言語」が求められるようになります。メルカリ執行役員CHRO（人事最高責任者）の木下達夫さんは「（組織の）多様性が高まるほど『センターピン』が必要になる」といいます。

業績を伸ばす同社には、ベンチャー企業から大手企業、IT企業、金融機関と幅広い業界から人材が集まるようになりました。東京オフィスのエンジニアの約5割は外国籍社員です。バックグラウンドの異なる人が共に働くためには「どうしてこの組織で働くのか」「この会社の価値観は何か、行動規範は何か」を共有することが大切だといいます。多様な人がひとつの組織で働くために共有すべき「センターピン」を言語化したものが、ミッション、そしてバリューなのです。

同社は「新たな価値を生みだす世界的なマーケットプレイスを創る」というミッション、これを達成するために大切にする3つのバリューを掲げています。「Go Bold（大胆にやろう）」「Be A Pro（プロフェショナルであれ）」「All For One（すべては成功のために）」というもの。この3つのバリューは、次のようなことを意味します。

「Go Bold」とは、自分のやりたいことを提案して賛同者を得て実行すること、前例のないスケールやスピード感で新しいことに挑戦することです。たとえ失敗しても、新たなことに挑戦をすれば「Good Try」だと評価されます。

「Be A Pro」はそれぞれの分野でプロフェッショナルであると同時に、「学び続ける」ことを目指しています。一人ひとりの成長のために、管理職はメンバーを個別にサポートすることが求められます。

第3章

経営トップの物語から社員の「対話」が変わる

メルカリ木下達夫CHRO

「All For One」の「One」とは、ミッションや組織のゴールを指します。その達成のために、みなで力を合わせようという意です。チームメンバーの誰かに負担が集中しないように互いにサポートして、チームの力を最大化しようというものです。

こうした価値観を浸透させるために、3カ月に一度、社内でバリューを発揮した社員に対して「Go Bold賞」「Be A Pro賞」「All For One賞」、そして3ついずれも達成した社員に、MVPが贈られます。

3つのバリューは、採用・評価など人事システムとも連動しています。採用面接では、3つのバリューを共有し発揮できる人材か否か見極めるため、次のような質問が投げかけられます。「今までどのような難しいチャレンジをしてきましたか」「今まで失敗からどんな学びを得てきましたか」。中途採用ならば「これまでどのような多様な人と共に仕事をしてきましたか」「仕事で利害関係が対立したときに、どのように解決してきましたか」といった質問です。

上司部下が向き合う「1on1」でも対話の軸となるのが、バリューです。「もっとGo Boldで取り組んでもいいんじゃないか」「いやそれは、Too Bold（大胆すぎる）かもしれないね」といったやりとりがなされるといいます。

人事評価においては、横軸をバリュー、縦軸をパフォーマンスとして、グレードごとに評価項目が定義されています。これについて、まずは自身が「セルフアセスメント」をして、さらに同僚部下などによる「ピアレビュー」を行い、最後にマネジャーから半年に一度「アセスメント」（評価）がなされます。

116ページで紹介した聴覚障がいのある村山さんは、評価者である東江さんから「Go Boldで高い評価」と告げられました。村山さんは、前例のない取り組みを他部署と連携しながら上手く進める能力が高いといいます。メールでのテキスト中心のやりとりでは、村山さんに聴覚障がいがあることに気づかない社員もいるほど、テキストの表現力も高いのです。

ちなみに、3つのバリューはどのように決められたのでしょうか。創業1年ほど経った頃、当時の役員が合宿をして「わが社にとって大切な価値観とは何だろう」と喧々諤々《けんけんがくがく》議論をして絞り込まれたものとか。ただし、創業当初と2021年で8年目となる今とでは、事業のステージも大きく変わっています。

例えば、Go Bold。創業期には「明日このシステムを変更しよう」と決めれば、即座に大胆に実行に移すことができました。ところが今や1900万ユーザーを抱えるプラットフォーム運営会社に成長、システム変更には数カ月かかることもあります。バリューの定義も見直しを続けているといいます。

自社の成長ステージに合わせて、また新しい時代の要請を受けて、求められる「共通言語」の定義も少しずつ変化をしていくのでしょう。見直しと改定を怠らない、そんな不断の取り組みが必要だといえそうです。

マイノリティの社長自身の「パーソナル・ストーリー」

リーダーがD&Iに関わる自身のパーソナル・ストーリーを語ることで、組織が動き始めることもあります。とりわけ、リーダー自身のマイノリティ経験は、D&Iがなぜ必要かというストーリーに説得力をもたらします。

「監査法人だってLGBT+《プラス》を語りたい!」

2020年12月、一風変わったタイトルのセミナーが、EY新日本監査法人社員を対象に開かれました。社内有志の企画によるもので、発案者は40歳前後の男性幹部、アライ(賛同者・支援者)を自認する幹部社員です。登壇したのは、グループ内のLGBTQとアライからなる有志グループ「ユニティ」代表のトランスジェンダーの社員、そしてEYジャパンのチェアパーソン＆CEOの貴田守亮さん（50歳）です。CEOの貴田さんは、当事者としてこんなパーソナル・ストーリーを語りました。

米国の大学で音楽を学び、プロになることを目指していたものの、公認会計士の仕事を選んだのは、資格があれば同性愛者でも社会の中で生きていく道が拓けるのではないか、と考えたからです。米国でEYに入社してからも、ゲイである自分のセクシュアリティを隠していることに悩み続けました。15年前、米国EYで経営幹部候補生になったときにカミングアウトすることを決意しました。このままでは自分のことを隠していたから昇進できたという負い目を感じ続けることになるのではないか……。もしカミングアウトが理由で昇進できないのであればEYは自分のいる場所ではないのだろうと考え、カミングアウトは今しかないと考えたからです。

なぜ、私が職場でセクシュアリティのことを話そうと思ったのか、これが皆さんに一番お伝えしたいことです。

入社間もないあるとき、こんなことがありました。上司と共にクライアント企業の日本人男性幹部と会食したときのことです。「貴田君に、いい相手をみつけ

EYジャパン貴田守亮CEO

ないといけないな」と言われ、不安にかられました。「(女性と)お見合いとなると困る」と思ったのです。嘘をつきたくはなかったものの、当時はまだ米国においてもLGBTQ当事者であることを職場で公表することは差別や解雇につながるリスクが高い状況でした。カミングアウトした場合に、クライアントから「わが社の担当はLGBTQ以外の人にしてくれ」と言われ会社に迷惑をかける可能性もあると、非常に心配していました。

答えに窮したことは数えきれないほどありました。職場のカジュアルな会話では「結婚しないの?」とか、「週末何してたの?……家族と一緒?」といった質問がしばしば飛び出します。会話は常に「相手が異性愛者である」ことを前提に進みます。意図せずとも、セクシュアリティが話題になるわけです。LGBTQ当事者にとっては、こうした会話は大変なストレスです。私自身いまなお、初めてお会いしたり、ゴルフをしながらカジュアルな会話をしたりする際に「子どもはいらっしゃいますか」といった質問を受けると、自分がゲイであることを明かすか否か、絶えず考えて行動しなくてはいけない、ここでカミングアウトした場合に相手を困らせてしまうかもしれない、こうした悩みを抱えています。

当事者の中には、どうカミングアウトすればいいか思い惑う人もいれば、共有したくない人もいるので、LGBTQに限らずどんな人でも安心していられる職場にしたいと思います。みなさんも会議の場などで「LGBTQの人がもしいたら、この発言に傷つくことはないかな」、あるいは男性中心の会議で「女性に失礼な発言となっていないか」など、少し立ち止まって考えてほしいと思います。アンコンシャス（無意識）を、コンシャス（意識）に変えることが必要なのです。

イベント終了後、50代の男性幹部が人事担当者のもとにわざわざ立ち寄り、真剣な表情でこう語りました。

「このセミナーに出て、初めてダイバーシティを自分ごととして考えました。いままで、女性や障がいのある社員など、弱い立場にある人のことかと思っていたのです」

そして、こう続けました。

「自分の同僚の中にLGBTで（自然に振る舞えず）自分を押し殺している人がいることに初めて気づきました。私の不用意な発言で傷つけていたこともあるかもしれない……。そう思うと、いたたまれない気持ちになりました」

LGBTQとアライからなる「ユニティ」にアライとして参加する社員の太田萌さん（27歳）は、CEOの貴田さんがメッセージを発する姿を見て「いままで関心のなかった層に理解を促すきっかけとなる」と感じています。

太田さんは米国で過ごした大学時代、LGBTQの友人らの「周囲にわかってもらえない」という苦しい胸のうちを聞くうちに、自身も少数派のアジア人として受けていた「偏見・差別」に通じるものがあると感じていました。そこで帰国してEYストラテジー・アンド・コンサルティングに入社するや、早速当事者とアライが共に活動するユニティに参加。社内啓発の担当となり、映画を観て語り合う社内イベントやランチ会を企画したり、LGBTQについての基礎知識を身につけるeラーニングを制作したり、といった活動をしています。「カジュアルに語り合う場にしたい」と言います。

活動をするなかで、意外な反応もありました。当事者から「ほうっておいてほしい」という声もあったと仲間から聞き、ハッとしたこともあります。「よかれと思ってのことだと思うけど、たいていは迷惑なんだよね」と言われて「(ユニティの活動は)私のエゴなのかも」と逡巡したことも。しかし、あるときユニティのワークショップにオブザーバー参加した貴田さんから「太田さんの参加理由に感動しました」と言われたことで、意を強くしました。

入社以来3年ほど地道に活動をするなかで、周囲から「アライって何?」「LGBT

Qのユニティって何しているの?」と聞かれることが次第に増えてきました。職場でのプライベートに関する話題のなかで、以前は「彼氏、彼女」また「奥さん、ダンナさん」といった言葉が抵抗なく使われてきましたが、いまでは「パートナー」と呼ぶことが少しずつ浸透してきたと感じています。

経営トップ自ら、マイノリティ当事者としての「パーソナル・ストーリー」を語り始めたことで、9500人のEYジャパンにさざ波が起きているのです。

LGBTQ社員を支援する動きは、いま大手企業の中で急速に広まっています。グローバル企業では、日本で同性婚が法律上認められないことで、優秀なLGBTQ人材の海外流出が起きています。同性のパートナーやLGBTQの家族を持つ優秀な人材がLGBTQへの差別を禁止する法律のない日本への赴任を辞退する、またLGBTQのカップルが子どもを持ちたいと海外への異動を希望するといったケースです。そこで同性婚の法制化実現に向けてのキャンペーン「ビジネス・マリッジ・イクオリティ」が始まり、2021年9月6日時点で177の企業・団体が賛同を表明しています。

CEOの貴田さん自身、パートナーを伴っての日本赴任にあたっては法の壁に阻まれて苦労しました。米国で同性婚をした英国人のパートナーは、日本では貴田さんとの法的な婚姻関係が認められないため配偶者ビザの発行が認められず、就労ビザを得るまで2年かかったといいます。こうした経験も踏まえ、企業が誰でも安心して働ける環境整備をするにも限界があるとして、LGBTQに対する差別禁止、さらには同性婚を認める法整備を進める必要があるとして、貴田さんは国会議員らとの対話も重ねています。

貴田さんは米国では「アジア人、LGBTQ」というマイノリティでした。しかし日本の企業社会ではいまや「日本人、男性、経営者」という強力なマジョリティの条件を手にしています。そのパワーを自覚しているからこそ、自分にしかできない変革の波を起こそうと発信を続けているのです。

経営トップと社員との対話は、リーダーの聞く姿勢が問われる

ここからは、経営トップと社員との直接対話をみていきます。「経営トップは雲の上の人、直接会えたとしても社員が本音を言えるはずがない」と思う人もいるかもしれません。事実、組織開発の研究者のなかにも「経営陣に対して社員の語る言説は取り繕われている。直接対話にあまり意味はない」と言う人もいます。はたして本当で

しょうか。経営トップと社員との対話が実を結ぶか否かは、トップの聞く姿勢にかかっているといえそうです。社員が安心して本音を言えるような環境をつくれるか、社員の様々な声を受け入れる「多様性受容度」があるかどうかでしょう。

名経営者とされる人の中には、現場からの声を吸い上げて経営改革につなげた人もいます。その一人が、りそなホールディングス元会長の故・細谷英二氏です。経営難により3兆円を超える公的資金を投入された同社を再建するため、2003年、JR東日本の副社長から請われるかたちで同社会長となりました。国鉄時代は、改革3人組の補佐役として分割・民営化を推し進めました。JR東日本副社長時代には、駅ナカ事業を責任者として成功させました。経営手腕を見込まれての転身でしたが、当初は「畑違いの銀行で何ができるのか」といぶかる声も上がりました。しかし、そうした懸念を吹き飛ばして、見事に再建の道筋をつけます。2015年、りそなホールディングスは公的資金の完済を果たしますが、細谷氏はそれを見届けることはかなわず、2012年11月、鬼籍に入りました。

細谷氏の功績のひとつとして、日本企業の女性活躍推進の新たなページを開いたことが挙げられます。経営破綻により実質国営化するなか、社員の給料は3割カットされ、優秀な男性若手社員らが次々と会社を去りました。女性にもパート社員にも、それまで生かされていなかった力を発揮してもらわないと再建ができない、そんな背に腹はかえられぬ事情があったのは確かです。細谷氏は会長に就任早々「女性が活躍できるナンバーワンの銀行になる」と宣言、経営直轄の諮問機関として、女性社員の意識改革やリーダー育成などを推進するため、りそなウーマンズ・カウンシルという組織をつくりました。

あるとき細谷氏が、このカウンシルのメンバーの声を直接聞く場が設けられました。「私たちは、本当はもっと仕事をしたい。でも、それを阻む壁がある。もどかしい」。こう訴える声を聞いた細谷氏は、終了後に会長室に戻ったあと、しばし放心したように座り込んでいたといいます。女性たちの声を、深く重く受けとめたのです。

パート社員の集まるクリスマスパーティでも、細谷氏が女性の声に耳を傾ける姿がありました。パート社員自ら企画・運営する会にはポケットマネーでお菓子の差し入れをしたといいます。現場の最前線で働く女性が声を出せる仕組みをつくる、それを経営に生かす、そして価値を生み出していく、そんな好循環を目指して、とにかく耳を傾けたのです。

細谷氏は女性社員を前に「『君たちも、もっと頑張れ』といった精神論を口にすることはなかった」、そう語るのは間近で見ていた、りそな銀行常務執行役員の有明三樹子さんです。「仕事と家庭を両立できる、実力があれば登用される、そんな仕組みをつくった」「自分の足元をしっかり見て、自分の足で立ちなさい」と背中を押したといいます。

細谷氏は、現場から吸い上げた声を、次々施策に移しました。短時間勤務制度の充実、正規と非正規の差を解消する同一労働同一賃金の仕組み、女性管理職の育成策、女性や若手にも注目して将来役員になれそうな人材リストを役員間で共有して育成する「候補者推薦制度」などです。

とはいえ、成功譚ばかりではありません。女性の登用に力を入れるあまり、一気に5人の女性を支店長に抜擢したところ、なかには育成半ばで力が発揮できずにポストから離れた人もいました。そんな試行錯誤があっても、細谷氏はぶれませんでした。

経営トップの姿勢を見て、現場の女性社員も動き始めます。

「こうした企画に挑戦したいのですが」

「やってごらんよ。面白いね」

こんなやりとりを、有明さんは何度も耳にしました。

そのひとつの例が、女性社員のアイデアをもとに、銀行業界で初めて特許を取るシステムがつくられたことです。細谷氏は会長に就任し、社員だけでなく、顧客の声にも耳を澄ましました。そこで浮かんできた声が「銀行窓口は午後3時で閉まる。早すぎる」というものです。窓口で顧客が書いた伝票と現金とを照合するために、膨大な手間と時間がかかるため、午後3時に閉店せざるを得なかったのです。しかし「銀行の常識は世間の非常識」とする細谷氏は「午後5時までの延長」を決断します。この決断を支えたのが、女性社員のアイデアでした。窓口の一連の流れを電子化しようという提案です。端末を設置したブースを作り、担当者が顧客に操作を伝えつつ、必要に応じて金融商品を案内するシステムを取り入れました。この仕組みで、銀行初の「特許」を取得したのです。

オープンな場で議論し、密室政治をしない

細谷氏は、亡くなる2カ月前に「日経ビジネス」主催の「経営教室」に登壇し、こう述べています。「今後は女性管理職を増やすほか、高齢者のシニア層や外国人の登用も検討課題です。多様化が進めば同じような人間だけではないようなアイデアが生まれ、異質なことへの挑戦も可能になるでしょう」(『どんな会社も生まれ変わる』)。自ら主導した女性活躍推進に手応えを感じての発言だったのではないでしょう

か。細谷氏の采配の「今後」を見ることができなかったのは残念ですが、細谷語録には、多様性推進に欠かせない普遍的なヒントが隠されています。

同書コラムで、りそなホールディングス元代表執行役社長の檜垣誠司氏はこう証言しています。

「仕事の話は、公の場でしよう」

改まって決めたわけではありませんが、細谷さんと私は自然とそういう感覚になっていました。自分の考えは会議などの公の場で表明すべきであり、密室で一杯飲みながらということはすべきでないと考えていたからです。細谷さんは隠し事をしませんでした。部下にも「透明性を保証せよ」と繰り返し語っていました。口にしたことはその通りやるのが細谷さんの性格ですから、議論は周囲の目があるところでやっていました。

まさに同質集団での密室政治の否定です。同じような価値観を持ち、同じような経験を積んできた同質集団からは、似通ったアイデアしか生まれてきません。異質な地平を拓くには、密室を突き破り、オープンな場で議論する必要があります。細谷氏は、自身の後継者や役員を選ぶにあたっても、透明性のある評価システムを導入しました。部長や支店長クラス20人ほどの役員候補を指名して能力を見極める仕組みを明確にする、取締役に昇格する前に「1日COO（最高執行責任者）」研修を行い、突発事態にいかに対処するかなどを見極めて資質をみるといったものです。役員に求める資質を明確に定義して、外部コンサルタントや社外取締役らによるインタビューの場も設けています。選考過程を「見える化」したのです。

オープンな場で議論する、評価軸を公開するといった「透明性」の担保は、公平性の担保につながります。派閥や党派といった所属集団や、性別・年齢・国籍といった属性によって不利になることのない公平性につながるのです。最近米国では、D&IをDEIと呼ぶ企業も出てきました。「E」とはエクイティ（公平性）の頭文字、D&Iの推進にあたっては、公平性の担保が重要であるという問題意識からです。「透明性の高い」議論や対話を進めることが、多様な人材が活躍できる風土づくりにつながるのです。多様性に富む組織を目指すなら「脱・密室政治」は不可欠です。

終　章

「わからない」を
「わかりたい」に変えた人たち

ダイバーシティの歴史から

終章では、ビジネスの現場から離れてみたいと思います。ダイバーシティの歴史の中で、大きな足跡を残した偉人たちの「言葉」に注目します。どんな言葉が、どんな対話が、多様性に富んだ社会への前進につながったのでしょうか。どのようにして人々を「わからない」から「わかりたい」に誘ったのでしょうか。言葉が生まれた背景には、何があるのでしょうか。

登場するのは、次の3人です。パラリンピックの父といわれる医師ルードヴィッヒ・グットマン、フェミニズム運動「青鞜」を応援した森鷗外、米国連邦最高裁判事で性差別解消に尽力したルース・ベイダー・ギンズバーグ——。3人の生い立ちから、魂のこもった「言葉」が生まれるまでを辿っていきましょう。

パラリンピックの父、ルードヴィッヒの生い立ち

「失われたものを数えるな、残された能力を最大限に生かせ」

パラリンピックの父、ルードヴィッヒ・グットマンの言葉です。2021年夏、東京2020パラリンピック開催にあたりメディアなどでたびたび紹介されたことで、広く知られるようになりました。ユダヤ人医師ルードヴィッヒ・グットマンは、神経

外科医としてドイツでその名を高めたものの、ナチスの迫害から逃れて英国に亡命します。後に、障がい者スポーツを提唱することになりますが、その原点は若い頃のボランティア体験にあります。少し生い立ちを振り返ってみましょう。

ルードヴィッヒは1899年、ドイツのケーニッヒスヒュッテ（現在はポーランド領）にある酒醸造所の家に生まれました。1917年、高校を卒業したルードヴィッヒは、地元の病院で用務係として働き始めます。第一次世界大戦が始まって3年目、いずれドイツ軍に入隊して国のために戦いたいと考え、徴兵されるまでの間、ボランティアとして働こうと考えたのです。

ある日、ルードヴィッヒと同じ年頃の炭鉱労働者が脊椎を折って、病院に運び込まれてきました。腰から下が完全に麻痺した状態でした。脊椎の手当てがされた後、肩から足首まで石膏のギプスをはめられ、病室の隅に寝かされたままになりました。当時の脊髄損傷は「不治」とされており、医師は「長くても6週間の命」だと言います。

患者は分厚いギプスに覆われているので寝返りを打つこともできず、まもなく褥《じょく》瘡《そう》、いわゆる床ずれがおき、その感染症は全身に広がっていきました。排尿もうまくいかず、膀胱にも感染症がおきました。患者は次第にやせこけていき、5週間後に息を引き取ります。ルードヴィッヒはその姿を生涯忘れることはありませんでした。

その後、ルードヴィッヒに待ち望んでいた軍の召集令状が届いたものの、病院でうつされた病気の跡が見とがめられ、家に追い返されてしまいます。そこで、かねて関心のあった医学の道に進もうと決意、ヴロツワフ大学医学部（現在はポーランド領）に進みます。卒業後は著名な神経外科医のもとで働き、患者の診察、手術、研究にあけくれ、1日18時間ほど働く日々が続きました。厳しい指導のもとに腕を磨き、ルードヴィッヒの名声も高まっていきます。

家庭では2人の子どもにもめぐまれました。しかし、その間にもナチスドイツによるユダヤ人迫害の手が迫ってきていました。おそれていたことが現実となり、ナチス支配下のドイツ政府からルードヴィッヒに医師解雇通知が届きました。それでも母国を愛する気持ちに変わりはなく、ユダヤ人病院で神経科医師の職を得てドイツにとどまります。

ついに迫害の手は病院にまで及びます。病院に逃げ込んできたユダヤ人を秘密国家警察（ゲシュタポ）からかくまったり、強制収容所に連れ去られた同僚医師を呼び戻すためにナチスの保健局にかけ合ったりと出来得る限りの抵抗を試みますが、とうとう抵抗の旗を降ろします。1939年3月、ルードヴィッヒは妻と2人の子どもを連れて、伝手を頼って英国に亡命しました。

英国オックスフォード大学のキャンパスにある小さな家に落ち着きましたが、医師として患者に向き合うことは許されず、研究職として働くことになります。1943年、ルードヴィッヒの地道な研究に目をとめた神経外科医が、ある病院に神経科が新設されるので、そこの責任者にならないかと声をかけました。ロンドンから北西60キロほどのところにあるストーク・マンデヴィル病院です。第二次世界大戦により、多くの兵士が脊髄損傷に苦しんでいたのです。

障がい者アーチェリー大会を、わずか12年でパラリンピックに

着任するや、ルードヴィッヒは画期的な治療法を始めます。病院の空き地に建てられた木造仮設の病室には、故郷の病院で見たのと同様、全身ギプスで固められた脊髄損傷患者らが横たわっていました。すぐさまそのギプスを外すように指示、そして看護師や用務係の手で、2時間ごとに寝がえりを打たせるように命じます。褥瘡の予防と治療のためです。

毎日床ずれの傷口の形と大きさを測って記録し抗生物質の薬で治療、さらに尿を体外に出すカテーテルの方法を考案しました。こうした治療が実を結び、それまで脊髄

損傷患者の1年以内の死亡率が約8割だったものを、同病院では1年以上の生存率8割超にまで高めることができました。ルードヴィッヒは患者をベッドの上で起き上がらせ、病院に設置した平行棒を使って、足に装具をつけて上半身の力だけで歩く訓練をさせました。車いすにも載せて院内を自由に動き回れるようにしました。いつしかドイツ語なまりの変わり者の医師の評判は全英に広まっていました。

それでもルードヴィッヒは満足しません。彼には信念がありました。下半身まひの人たちを「人の役に立ち、市民から尊敬される人にする」という思いです。ルードヴィッヒは、秘書にペンと紙を持たせて、患者一人ひとりと対話しました。

「やってみたいことは何か？」

「趣味は？」

「新しい技術を学ぶ気持ちはあるか？」

最初、患者たちは尻込みしました。家族のもとに戻って負担をかけることに、そして下半身まひの姿で社会に出ることに大きな抵抗を覚えたのです。ルードヴィッヒは叱咤激励しました。

「夢や野望を持て」

「ここは、君たちを外へ『送り出す』ところだ」

「君たちは（働いて）税金を払うべきだ」

病院裏手にあった木工修理工場の一部を改修し、患者が技術を学ぶ職業訓練センターをつくりました。ここで時計や靴の修理を学ぶ患者が出てきました。さらには会計士や弁護士の資格を取った人もいます。それでもルードヴィッヒには、飽き足らないところがありました。それは見舞客が向ける、憐みの眼です。

ある日、ルードヴィッヒは、患者たちが車いすに乗って激しく動き回り、ポロゲームのような、ホッケーのようなゲームに興じている姿に釘付けになりました。

「患者たちは、スポーツができるんだろうか」

ルードヴィッヒは動き始めます。より安全な車いすバスケットボールを考案し、さらに第一線の選手を招いて患者にアーチェリーを教えてもらいました。筋肉を鍛え、自信をつけた患者、いや選手たちは車いす用のバスに乗り、試合に出かけるようにもなります。

ちょうどその頃、1948年にロンドンでオリンピックが開かれることが決まります。ルードヴィッヒは開会式と同じ日に、病院の敷地内で障がい者のアーチェリーの大会を開きたいと考えるようになります。病院の役員らに提案したところ、最初は笑われます。

「オリンピックのような競技大会は最高を競う場だ。患者から何か引き出せるのか」

問われたルードヴィッヒは、こう答えます。

「それは、ベスト・オブ・マンだ（人間の最高だ）」

合意をとりつけて開かれた第1回の大会は、2つの病院から16人の選手、30人の観客を迎えて開かれました。これがパラリンピックの原点とされています。ストーク・マンデヴィル競技大会と名付けられ、その後毎年開かれるようになり、4年後には国際大会となります。12年後にはオリンピックと同じ開催地で続けて開催され、23カ国から400名が集まるまでに発展しました。

当初は「障がい者を見せ者にするのか」「障がいを悪化させる」と非難の声も上がりましたが、次第にそうした批判の声は小さくなっていきます。それどころか、大会は急拡大したのです。その最大の理由は、スポーツによる目覚ましいリハビリ効果でしょう。そのころルードヴィッヒのもとでは、脊髄損傷患者の85％が半年以内に社会復帰を果たすまでに回復していました。その効果が、世界中に知られるところとなったのです。またルードヴィッヒの宣伝力も大きかったといわれています。大会に開催国の王室関係者などを招いてメダル授与を行ってもらうことで、メディアでの報道が増え認知度が上がったといいます。

なんとルードヴィッヒは、立ち上げ当初から世界中から選手が集まる大会に発展させることを見据えていました。1949年、第2回の大会の閉会式で「ゆくゆくはこのゲームがオリンピック規模になるようにしていきたい」とスピーチしています。このときの参加選手はわずか60人。まだ見ぬ未来を語る力に驚かされます。

属性にかかわらず人間の可能性を信じる

1964年、東京オリンピックに続いてパラリンピックが開かれました。実現に向けては、研修のためストーク・マンデヴィル病院を訪れて開眼した、国立別府病院の整形外科医師中村裕《ゆたか》氏の語りつくせぬ尽力がありました。ルードヴィッヒはまた、独自に日本に直接働きかけをしていました。傷痍軍人の国際組織の会合に参加して、日本傷痍軍人会の理事と面談、東京五輪直後の大会開催を直談判したのです。

こうした労が実を結んでパラリンピックが開かれたことで、日本の福祉の在り方は見直しを迫られることになります。1964年当時は障がい者スポーツはまったく知られておらず、障がい者の人間らしい生活さえ保障されていない状況でした。東京での開催にこぎつけたものの、病院などでリハビリを始めたばかりの人が急遽選手として駆り出される例も少なくなく、チーム競技では欧米選手との力の差があまりに大きく試合にならなかったといいます。メダルラッシュだった東京2020パラリンピックからすると、想像ができないような水準だったのです。

ところで、1964年の東京パラリンピックは、第一部を脊髄損傷者が参加する国際ストーク・マンデヴィル競技大会、第二部をおもに国内の脊髄損傷以外の障がい者のスポーツ大会として開催されました。中村医師はじめ関係者が、様々な障がいのある選手が広く参加できる大会にしようと提案するも、ルードヴィッヒが頑として反対し、脊髄損傷者のための国際ストーク・マンデヴィル競技大会として開催することを主張したためです。

こうした言動から、ルードヴィッヒは「頑固で気難しい人」と評されることもあります。前例のなかった脊髄損傷患者のためのスポーツ大会を、わずか数十年でオリンピック級の国際大会に育て上げ、それを守るために頑迷になったのでしょうか。そうした批判があたらないことは、ルードヴィッヒが晩年著した『身体障害者のスポーツ』を紐解くと分かります。

そこでは、脊髄損傷のみならず、四肢切断、視覚障害、脳性麻痺、聴覚障害など様々な障がいを持つ人が、スポーツをする上で、どんなトレーニングをするといいか、障がいの程度による難しさや危険性、水泳、フィールド競技など各種目の障がい別階層の分け方やルールなどが詳細に記載されています。そのなかでも最もページが割かれているのは、なんといっても脊髄損傷患者のスポーツに関してです。トレーニングにより身体の各部位がどのように鍛えられるか、例えばアーチェリーなら矢をつがえて放つまでの筋肉各部位の筋活動電位図まで掲載されています。ルードヴィッヒの言葉は、こうした研究に裏打ちされたものであり、だからこそ説得力があったのです。他の障がい者が参加するスポーツを広めるには、まだまだ研究が足りない、競技の合理性と安全性が確認できていない、1964年の東京オリンピックの時点ではそう考えたのではないでしょうか。

ルードヴィッヒは同書でまた、障がいのある人がスポーツを通して社会参加をする様を生き生きと綴っています。「障がい者スポーツは、医学的リハビリテーションに役立っただけではなく、障がい者が地域社会に溶け込んでいくために重要な役割を果たした」ことを繰り返し述べています。ルードヴィッヒの説く言葉に世界中の人が心を動かされたのは、科学的根拠に加えて、属性にかかわらず人間の可能性を信じる心、そして愛があったからでしょう。

「青鞜」を支援した、明治の文豪・森鷗外

文壇の巨頭にして、陸軍軍医総監――。2つの世界で頂点を極めた森鷗外は、フェミニストの一面も持ち合わせていました。日本のフェミニズム運動の嚆矢《こうし》とされる雑誌『青鞜』にエールを送っていたのです。明治の幕開けから遡ること6年前に生を受け、家父長制のなか長男として生き、社会的栄達を手にしながら女性の社会進出を後押ししようとした、当時の権力者の中では稀有な存在でした。『青鞜』を立ち上げた平塚らいてうについて、創刊の翌年の1912年、こう評しています。

らいてうの名で青鞜に書いている批評を見るに、男の批評家にあの位明解な筆で哲学上のことを書く人が一人も無い。立脚点の奈何は別として、書いていることは八面玲瓏である。男の批評家は哲学上の問題となると、誰も誰も猫に小判だ。（女性作家評「与謝野晶子さんに就いて」の後段）

「青鞜」という雑誌の名も鷗外がつけたという噂が広まるほど、鷗外は青鞜の運動を

支援していました。しかし、これは噂にすぎないとして、平塚らいてうは鷗外についてこう述べています。

じっさい、それほど鷗外先生は「青鞜」社の運動に対して、またわたくしに対しても最初から深い関心をもたれ、いつも同情的に見ていて下さいましたし、奥さまは青鞜社の最初からの賛助員であり、創刊号に、またその後もたびたびではありませんでしたが短いものを寄稿して下さっていましたから、そんなふうに思われるのも当然でしょう。（『鷗外夫妻と『青鞜』』）

1911年（明治44年）、『青鞜』は女性による女性のための文学雑誌として誕生しました。日露戦争終結から6年、3年後に始まる第一次世界大戦に向けて、不穏な空気の漂う頃でもありました。前年に起きた大逆事件により幸徳秋水らが処刑された年でもあります。同じ年にイプセンの「人形の家」が日本で上演されて話題を呼びました。1912年の大正改元を前に、デモクラシーの機運も高まりつつありました。こうした時代に誕生した『青鞜』は、創刊号に掲載された平塚らいてうの発刊の辞が、大きな反響を呼びました。

元始、女性は実に太陽であった。真正の人であった。

今、女性は月である。他に依って生き、他の光によって輝く病人のやうな蒼白い顔の月である。

私共は隠されて仕舞った我が太陽を今や取戻さねばならぬ。

(『平塚らいてう自伝　元始、女性は太陽であった①』)


こうした言葉が、鷗外の心を捉えたようです。そしてもちろん、平塚らいてうが筆を向けた先にいる、封建的な家庭に縛られていた女性たちの心を揺さぶりました。『青鞜』は、恋愛と結婚、個人主義と家庭など、次々に問題提起をしていきます。貞操論争、堕胎論争なども巻き起こし、政府から発禁処分を受けたこともありました。鷗外はこうした「新しい女」たちの運動に、積極的に賛同の意を表明したのです。

「悪書は廃し、良書の誕生を望む。これに性別は関係ない」

鷗外の「新しい女」支援の表明は、青鞜が誕生する前からのこと。鷗外は幸田露伴、斎藤緑雨との3人による文芸批評「三人冗語」で樋口一葉の『たけくらべ』をこう賞賛しています。

此人の筆の下には、灰を撒きて花を開かする手段あるを知り得たり。われは縦令世の人に一葉崇拝の嘲を受けんまでも、此人にまことの詩人という称をおくることを惜まざるなり。（『めさまし草』収録「三人冗語」）

当時、女性作家はごくわずかで、「閨流作家《けいりゅう》」と呼ばれていました。「閨」とは、女性の部屋、寝室といった意味で、閨流作家は、特に優れた女性作家といった意味です。わざわざ「閨流」などと冠をつけることからも、特別視されていたことがうかがえます。評論家らは、樋口一葉の作品評のなかでしきりに「一葉女史」と呼んだり、「女性の身としては」と評したりと、ことさらに女性であることを強調します。

鷗外もまた閨流作家だから持ち上げるのかという批判を受けますが、これに対しては毅然として反論しています。良書は、理屈で考えられたものではなく「活きたる人の心」をもって書かれたものであるとして、それに男女は関係ないといいます。

好き書の友たるや、その作者の男女に拘わらず。悪き書の斥くべきも亦同じ。女作家よ。われは君等を待つに、男子に殊ならざる礼を以てせむ。願はくは君等も亦能く自ら奮ひて、ジョルジ、エリオットに恥ぢざるに至れ。(『めさまし草』収録「女詩人に告ぐ」)。

「私は、君たち女性作家を待っています」という何とも力強い応援です。さらに、フランスの作家ジョルジュ・サンド、英国の作家ジョージ・エリオットに並び立つような作家となれと目線を上げるように励ましています。

そして才能あると見込んだ女性作家については、物心両面で支えました。高く評価していた与謝野晶子がパリに行くにあたっては、渡航費用の支援までしたといわれています。「与謝野晶子さんに就いて」という短文でこう述べています。

樋口一葉さんが亡くなってから、女流のすぐれた人を推すとなると、どうしても此人であろう。晶子さんは何事にも人真似はしない。個人性がいつも確かに認められる。此頃アメリカ人Percival Lorellは極東人の特性は個人性の無い処に在ると云っている。晶子さんを見せてやりたい。但パリイにはいよ〳〵見せる事になった。

評価する視点は「個人性」、すなわちオリジナリティのある表現を認めているのです。性別を超えて、作品の本質をみようとしています。才能ある女性が世に出るためには、パワーをもつ人が評価をフェアに行うことが不可欠です。

ところで鷗外は、なぜこうした視点を獲得できたのでしょうか。その手がかりが、5年弱に及ぶドイツ留学時代にあります。

獨逸婦人会の講演に2日続けて通う

森鷗外（本名、森林太郎）は、1862（文久2）年、山陰の石見国津和野藩の侍医の長男として生まれました。津和野藩は4万3000石の小国で、父親は身分の低い侍医でした。1872（明治5）年、鷗外は父と共に上京します。森家の名をあげることが期待されての東京行きでした。鷗外は東京大学で医学を修めたのち陸軍省医務局に入局し、1884年から足掛け5年、ドイツに国費留学します。

ライプチッヒ、ドレスデン、ミュンヘン、ベルリンに滞在し、おもに衛生学を学びます。軍医のみならず文化人らと交流し、劇場に足を運んでオペラ、演劇、音楽を楽しみ造詣を深め、ヨーロッパの文学書をドイツ語で次々に読破します。『獨逸《ドイツ》日記』をみると、ドイツに到着して間もなく向かったライプチッヒで、女性解放団体「獨逸婦人会」の集会に足を運び、おおいに刺激を受けたことがわかります。鷗外は男性の参加が許された2日間、続けて出席しています。参加者は数百人、男性はわずか10人あまりだったといいます。そのうちのひとりが鷗外だったのです。日記では、特に感銘を受けたドイツ人の女性登壇者の名前を書き記しています。

鷗外研究家の金子幸代氏によると、このとき集会で語られたのは、女性の地位向上のために婚姻法や財産法を改正すべきであること、女性に対する教育機関の門戸開放が必要であること、女性の能力は男性に劣るものではなく個性を発揮する権利を持っている、といった内容だったといいます。

帰国後に作家活動を始めた鷗外は、海外の女性の動向を伝える原稿も書き始めます。青鞜を飛び出した女性らが立ち上げた雑誌『番紅花《さふらん》』に、「海外通信」を寄せてドイツの女性事情を伝えています。「ドイツの女性運動に賛同している協会が、直接連合のもの282、間接的なもの49」といったデータを紹介しつつ、ベルリンには「女のために女の建てている、女子銀行」なるものがあるなど、新しい動きも盛り込んでいます。

こうした文筆から鷗外は「リベラルなフェミニスト」とも評されることもあります。その原点は、間違いなくドイツ留学での経験にあったのです。

ここまで話を進めると、反論の声も聞こえてきそうです。ドイツ留学から帰国した直後、小説『舞姫』のモデルとされるドイツ留学時代の恋人エリーゼ・ヴィーゲルトが鷗外を追って日本に来たことはつとに知られています。エリーゼをドイツに戻したのは、「森家の協議」によるものでした。軍医であり、森家の家長である鷗外が、ドイツ人女性と結婚することは許されない時代だったのです。森鷗外は近代の扉を開けようとする一方で、近代化以前の慣習や家父長制の枠の中で苦悩していたのは事実です。そうした苦悩が、鷗外を青鞜や女性作家らマイノリティへの支援に向かわせたとも考えられます。

森鷗外のような圧倒的なパワーを持つ人が、権力側に安住することなく、才能あるマイノリティを支援することが必要なのはいうまでもありません。その際に、マイノリティの才能を時代の文脈の中でいかに「意義づけ」をして、発信するかも大切です。パワーを持つ人がいかなる言葉でマイノリティを後押しするか、これもまた多様性に富んだ社会をつくる上での、ひとつのカギではないでしょうか。

ＲＢＧ「足をどかしてくれませんか」

「特別扱いは求めません。男性の皆さん、私たちの足を踏みつけている、その足をどかしてください」

米国の連邦最高裁で２人目の女性判事となったルース・ベイダー・ギンズバーグの言葉です。１９７３年、最高裁に弁護士として初めての口頭弁論に臨んだとき、19世紀の奴隷廃止・女性解放運動家であるサラ・グリムケの言葉を引きながら発言したものです。性差別をなくすために法曹界で60年にわたり戦い続けたルース・ベイダー・ギンズバーグ。男女平等の概念を米国に植えつけ、そして法的基盤をつくった功績者です。

静かな、しかし核心を突く発言は、１９９３年に最高裁判事となってからも変わらず、いつしかリベラルな若者に支持されるようになります。そしてついたあだ名が「ノトーリアスＲＢＧ」（悪名高きＲＢＧ）、若者の間で人気のラッパー「ノトーリアスＢ.Ｉ.Ｇ.」をもじったものです。ルースの似顔絵をプリントしたＴシャツやマグカップまで売り出され、なかにはルースの顔を入れ墨で体に刻む者まで現れました。

終章

「わからない」を
「わかりたい」に変えた人たち
ダイバーシティの歴史から

ドキュメンタリー映画『RBG　最強の85才』、ルースの歩みをもとに描いた映画『ビリーブ　未来への大逆転』もほぼ同時公開され話題を呼びます。2020年9月、現役の最高裁判事のままルースが87歳で亡くなったときは、終盤に差し掛かっていた米国大統領選は弔い合戦の様相を呈するようになります。ルースが生涯をかけたリベラルな思想を守ろうと、民主党に対する寄付が殺到したのです。

大統領選をも揺るがしたRBGことルース・ベイダー・ギンズバーグとは、どんな人物なのでしょうか。彼女はどのように社会変革をもたらしたのでしょうか。

ルースは1933年、ニューヨーク郊外のブルックリンに、ユダヤ人の両親のもとに生まれました。ルースが17歳のときに亡くなった母は、彼女に「レディであれ、そして自立せよ」と繰り返したといいます。「レディであれ」とは、怒りなど不毛な感情に流されるなという意です。名門コーネル大学に進学したルースは、ここで生涯にわたる最強の支援者となるマーティン・ギンズバーグに出会います。ルースいわく「私の知性に関心を示した初めての男性」でした。結婚・出産を経て、ルースはマーティンが学ぶハーバード大ロースクールに進みます。ハーバード大のビジネススクールも進学先として考えたといいますが、当時1950年代はまだ女子の入学が認められていませんでした。

ロースクールに入ってみると男子500人に女子9人、入学時の歓迎パーティで学部長は女子大生に対して「男性の座を奪ってまで入学した理由を教えてくれ」と尋ね、一人ひとり理由を述べさせました。しかし間もなく、教授らはルースが類まれなる才の持ち主であることに気づきます。数百人が並ぶ階段教室で、ルースは過去の判例の意味するところを、簡潔かつ的確に答えてみせたのです。ところがそこに、思わぬ試練が訪れます。マーティンががんに罹患し放射線治療を受けることになったのです。ルースは1学年上のマーティンが履修する授業も聴講してノートをとり、夜は自身の勉強に加えてマーティンのレポート作成の手伝いもします。幼い長女の世話も一手に引き受け、睡眠が1日2時間という日が続きました。幸いマーティンは病を乗り越え、ニューヨークの法律事務所への就職が決まります。ルースはそれに伴い、ニューヨークにあるコロンビア大学ロースクールに転学、1959年に主席で卒業します。

弁護士になりたいと、ニューヨークの法律事務所のドアを叩きますが、10社以上から断られます。その理由を、ルースは「第一にユダヤ人であること、第二に女性であること、第三に母親であること」だったと語っています。「試しに女性を雇おうかという奇特な法律事務所も、母親まで雇う勇気はありませんでした」

弁護士事務所への就職を断念したルースは、大学で教員の職を得ました。大学で教鞭をとりつつ、ルースは性差別の裁判に関わるようになります。最初に弁論を手がけたのは、「男性にも介護費用控除を認めてほしい」という未婚男性からの訴えでした。

「男女差別など存在しない」と考える男性たち

当時米国では、「介護費用控除」の適用対象を、女性または配偶者と離死別した男性などとしていました。未婚のまま親の介護をする男性は、対象外とされていました。これに対して、働きながら同居する母親の介護をする未婚のチャールズ・モーリッツは、日中の介護ヘルパーの費用を税控除として認めてほしいと国税長官に対して訴えを起こしました。このチャールズ訴訟が一審で退けられたと知ったルースは、控訴すべきだと考え、その弁護を買って出たのです。法律に埋め込まれた性差別を明るみに出すべきだ、その大きな契機になると考えたのです。

1972年、ルースとマーティンは、控訴審の法廷で弁護人席につきました。判事席に並ぶのは白人の男性ばかり。彼らは次々にこう言います。

「介護費用控除は、働く女性を守るためのものだ」

「普通の家庭では、介護は女性、稼ぐのは男性、それは自然の法則だとは思わないか」

やりこめられて劣勢となったルースは、最後に与えられた口頭弁論の場で、静かな口調ながら毅然とした態度でこう述べました。

さかのぼること100年前、マイラ・ブラッドウェルが弁護士をめざしてイリノイ裁判所で働こうとしたとき、女性を理由に拒否され、彼女は最高裁に訴えましたが敗れました。65年前オレゴン州で残業をしたいと訴えた女性も敗訴しました。一世代前、私の学生が「服装がわいせつである」として逮捕されました。いま、米国では178の法律で男女差別が行われています。子どもたちの夢をつぶさないでください。法律が時代遅れになる前に、新しい判例をつくって下さい。あなた方は、誤りを正すことができるのです。(映画『ビリーブ』より要約・抜粋)

ルースの弁論が終わったあと、男性判事らは何かに打たれたような表情で黙り込みました。その後、裁判官全員一致でモーリッツの訴えが認められました。性差別のある法律が違憲とされた画期的な判決となりました。

当時はまだ多くの男性にとって、「男女差別など存在しない」ものでした。人種差別は忌むべきものであるが、男女差別的な措置は、女性を守るものと考えられていたのです。すべての法律は、男性は稼ぎ手、女性は家庭を守り、子育てをするものという役割分業を前提としており、男性判事らもまたそれを疑うことはありませんでした。ルースの口頭弁論は、こうした常識に一撃を加えたのです。

性差別は女性だけの問題ではありません。ルースは未婚男性の介護費用控除の申し立てを通して、判事席に向かって「あなた方男性にとっての問題でもある」と突き付けました。男性に気づきを促すためのひとつの戦略でもあったのでしょう。

感情を抑えた静かな語り口も、ルースの特徴のひとつです。社会改革を訴えるルースの弁論には、しばしば判事から皮肉たっぷりの言葉が投げかけられました。こうした挑発に対して、ルースは「怒れば自滅する」と常に冷静に相対します。「小学校の先生になったつもりで臨みました……要は教育ですね。私が訴えかけている相手は、自分とは違う立場の人間の暮らしがどのようなものか理解していないのだから、理解できるように手助けしよう、という捉え方です」(米イエール大学ロースクール「ルース・ベイダー・ギンズバーグ判事との会話」)

1970年代は雇用差別と闘う女性らが次々に訴訟を起こした時代であり、ルースは弁護士として新たな時代を拓く一翼を担いました。性差別をめぐる裁判で、ルースは最高裁の法廷に立ち、いくつもの勝訴をものにしました。シングルファーザーにも育児給付が支給されるようになり、軍隊では女性隊員にも住宅手当が支給されるようになりました。

判事として鋭い問いかけ、反対意見書でも議会を動かす

法曹界で名を挙げたルースは、1980年にジミー・カーター大統領から、コロンビア特別区巡回区連邦控訴裁判所の判事に任命されます。ワシントンの裁判所で働くようになったルースを支えるため、マーティンはニューヨークの法律事務所を辞め、ワシントンの大学で教鞭をとり始めます。食事づくりはマーティンが担当、ルースは晩年「1980年から一度も食事をつくったことがない」と苦笑しながら語っています。夫婦円満の秘訣を聞かれたマーティンは「ルースは食事に口を挟まない、私は判決に口を出さないことだ」と、笑いながら答えました。マーティンのユーモアが、生真面目なルースをいつも和ませていました。

そして1993年、ついにアメリカ合衆国連邦最高裁で史上2人目の女性判事となります。当時の大統領ビル・クリントン氏は、ルースと面談して、ものの15分と経たないうちに任命を決めたといいます。

判事になってからは、リベラル派らしい鋭い質問を重ねました。米国の弁護士ジリアン・トーマス氏が著した『雇用差別と闘うアメリカの女性たち』から、ひとつの裁判例を紹介しましょう。以下、同書からの要約抜粋です。

2014年12月、連邦最高裁の前には朝早くから多くの人が集まっていました。およそ四半世紀ぶりに妊娠差別に関する裁判が行われようとしていたのです。1991年、女性労働者らが、妊娠する可能性がないことを証明しない限り、最高の賃金が支払われる仕事から女性を排除するという胎児保護方針を無効とするように求め、最高裁において全員一致で認められるというジョンソン・コントロールズ事件がありました。それから20年以上が経って、新たな課題が起きていたのです。

荷物配送の大手企業ユナイテッド・パーセル・サービス（UPS）で航空便の配達ドライバーとして働いていた女性社員が、妊娠したことをマネジャーに告げたところ、就業「制限」を記した文書を医師に書いてもらうように指示されます。航空便は軽い封筒が大半のため業務に支障がないと考えていた女性社員は戸惑いますが、指示通りに提出しました。すると妊娠14週で、残りの妊娠期間を無給で休業するよう指示されます。彼女は毎週400〜500ドルの賃金を失い、年金の勤務期間への参入が停止され、健康保険の受給もできなくなりました。生活を切り詰めざるを得なくなり、家計の不安から情緒不安定になります。「妊娠を理由に差別されている」と確信し、会社を訴えたのです。

2008年、女性社員は連邦地裁に訴えるも、UPSが審理なく訴えを棄却するよう求める申し立てをし、連邦地裁はこれを認めます。妊娠した労働者に苛酷な取り扱いをしたわけではないので、妊娠差別にはあたらないとしたのです。これを不服とした女性社員は上告の申し立てをしました。

多くの雇用者が、ジョンソン・コントロールズ事件のあとも長らく、妊娠中の女性が安全に働き続けるために必要な職務変更を行うことに、抵抗を示してきたといいます。妊娠への危険を冒して働くか、あるいは仕事を辞めるか、そうした選択を迫られた女性は米国でも少なくないのです。こうした状況のなか、女性社員を支援するため、様々な団体が意見書を出しました。

裁判では、女性社員側、UPS側の弁護士からの口頭弁論に続いての質問で、保守派の判事は「女性社員は『最恵国待遇』を求めている」と何度も繰り返しました。UPS側が措置を拒否していた他の業務外の理由による健康状態と比べ、優遇されることを求めているという意味です。これに対して、ルースはリベラル派の判事として、UPS側の弁護士に対して「あなたの立場は『最低国待遇』ですね、違いますか？」と詰め寄りました。「妊娠していない労働者の中に、妊娠した女性と同じだけ悪い扱いを受けた者がひとりでもいれば、差別はなかったことになるのでしょうか」と鋭く問いかけたのです。

最高裁は6対3で、地裁の判決を覆しました。「なぜ使用者は、あれほど多くの労働者に安全に働き続けるための職務変更といった適応措置を認めながら、妊娠した労働者にもそれを認めることができないのか」として、差し戻しをしたのです。女性社員が訴えた「私たちは家族をつくり、かつ、同時に仕事を続けることが可能であるべきです」という声が認められた瞬間でした。

ルースはリベラル派の判事として、常にこうした鋭い質問で法廷に臨みました。しかし判事9人の多数決では、むろんルースの判断に反する判決となることもあります。そうした場合には時に「怒りのこもった反対意見書」を出しています。これが議会を動かし、法改正が促されたこともありました。

人類にもっと必要なのは「他人の声に耳を傾けること」

社会のシステムを変革しようとするなら、ルースのように一貫した姿勢で、骨太な論理を説く人が必要なのでしょう。そのとき、変化を拒む人に対して「あなたも当事者である」と「接点」を示しつつ、歴史や事実によるストーリーで相手の心を揺さぶるといった戦略戦術も求められます。とはいえ、誰しもがそうした知的リーダーになれるとは限りません。社会を変えるには、賛同者も必要です。ノトーリアスRBGと名付けた若者のように、軽やかに笑いをとりながら、空気をつくる、そんな一人となることならできそうです。

いまや伝説となりつつあるルースは、完全無欠の人だったかというと、そうではありません。実は1回だけ明らかな失敗をおかしました。2016年、米大統領選でトランプ候補を侮辱するような発言をしたのです。公平中立な立場を貫かなければいけない最高裁判事として、あってはならない行為でした。ルースは非を認め謝罪のコメントを発表しました。

間もなく迎えたトランプ政権下（当時）で、ルースは思うところがあったのでしょう。書籍『ルース・ベイダー・ギンズバーグ』に収録されているインタビューの中で、「いま世界で、もっと必要なことは何だと思いますか」と聞かれて、こう答えています。86歳を迎えての思いです。

ひと言で表すとしたら、「他人の声に耳を傾けること」でしょうね。そう、きちんと聞くことです。現代人は、同じ考えの人としか話をしない傾向があります。ソーシャルメディアも、その傾向を増長していると思います。

いま私は、先日亡くなった最高裁判事の先輩、ジョン・ポール・スティーブンスを思いだしています。本当に聞き上手な方で、他人の話に耳を傾けることでいかに学んできたか、よく話していました。自分とは違う見解の判事の話を聞く、ということですね。

この点、現代は深刻な問題を抱えています。

人々は、自分とは違う考えの人の話を聞こうとしない。信条を同じくする人同士で、固まるだけです。

けれど、アメリカを偉大な国にしてきた要因のひとつは、多種多様な国民性です。実に多種多様な人種と文化的背景と宗教が集まっている。その違いを容認するだけでなく、すばらしいと称賛し、長きにわたって手を取り合うべきです。アメリカのモットーは、「エ・プルリブス・ウヌム」。（ラテン語で）「多くからひとつへ」です。

ルース自身も「他人の意見に耳を傾けること」が、仕事の要でありました。法廷で論戦をはる弁護士の話、協議の場での同僚判事たちの意見に、耳を傾けたのです。揺るぎない信念を持つ人は、「他人の声に耳を傾ける人」でもありました。

聴くことなくして、社会の変革はできないということでしょう。

おわりに

対話をめぐる探索は、職場での対話に始まり、終章では多様性社会に向けて力を尽くした偉人の言葉へと続きました。パラリンピックの父に話が及ぶと、ビジネス現場の話から、突然飛躍したように感じた方もいるかもしれません。

しかし、D&I実現に向けて、ひとつの職場を変えるにも、社会を変革するにも、言葉を交わす基本に変わりはありません。最後に改めて、本書の事例を通して見えてきた、多様性との対話に欠かせないポイントを3つにまとめてみましょう。

1つ目は、「思い」です。自身とは「異なる人」の声を聴きたい、背景にあるものを知りたい、そして、違いを組織内で生かしていきたいという思いです。その思いはどこから生まれるのでしょうか。自身のマイノリティ体験から強い思いを抱く人が少なくないようです。パラリンピックの父ルードヴィッヒ・グットマンや米国最高裁の判事だったルース・ベイダー・ギンズバーグ、またLGBTQとして苦悩したEYジャパンCEOの貴田守亮さんは、少数派として受けた差別や偏見の体験が強烈な思いにつながりました。また一見職場でマジョリティと見える人であっても、共働きをする男性社員が子育てに重心を置いた働き方をしようと思うと、いまでも少数派となりがちで葛藤を抱えます。こうしたマイノリティ経験が、対話に向かう「思い」を強くします。マイノリティ経験の掘り起こしが、多様性に対する感度を高めていくきっかけとなるのではないでしょうか。

2つ目は、「知識・スキル」です。対話を成り立たせるためには、自身と相手との差異を知る、共通項を知るための知識が助けとなります。男女の別で言うなら、本書でも触れたジェンダー・ステレオタイプに関する知識です。「女性は／男性は、こうあるべきだ」といった役割分業意識が、社会・組織に刷り込まれていることを自覚することで、D&Iの壁を取り除く行動につながります。近年企業の間で研修が盛んになってきたアンコンシャス・バイアス（無意識の偏見）に関する知識も、気づきを促す上でおおいに助けとなります。異文化を理解するためのCQの知識もまた、グローバル時代には必須といえそうです。

対話のスキルを、意識的に身につけることも有効です。学ぶことなく自然体で「傾聴」ができる人もなかにはいますが、なかなかそうもいきません。とりわけ、組織でポジションが上がるほど、部下の声、また異なる人の声を聴くことは難しくなります。傾聴スキルを努めて磨くことで、多様な声をダイバーシティ経営に生かすことができるようになります。

3つ目は、「戦略」です。D&Iを組織に根付かせるために、組織を変えるために、どんな対話をすればいいのか、どんな発信をすればいいのか、戦略的に考える必要があります。組織内での対話の仕組み化、社外からの刺激を取り込む議論の場づくり、経営トップからのメッセージ発信など、組織メンバーのマインドセットを変えるために効果的な対話を設計するのです。

多様性を価値に変えるためには、こうした3つのポイントを押さえての対話が欠かせません。第1章から第3章にかけて、企業の事例を通して対話の実践について考えてきました。そして終章では、こうした3点において類まれなる才を持った偉人たちの軌跡を辿ってみました。組織を変える、社会を変革する、その言葉には共通項があります。何かひとつでもヒントを得ていただけたなら嬉しく思います。

こうした考えを深めることができたのも、取材にご協力くださった皆様のお陰です。職場での「対話」、これによるD&Iの実現という実に難しいお題に向き合って、記憶を辿りながら、また未来をみつめながら言葉を紡いでくださった各位に心からお礼申し上げます。

ここに至って告白するのは憚られますが、対話がそれほど得意ではない筆者は、ご協力くださった皆様から多くの気づきを得ることができました。改めて自覚した弱点は、先の3つでいえば対話スキル、聴く力です。多様性推進に対する「思い」だけは、すでにお気づきのように溢れるほど持っています。大学卒業時は男女雇用機会均等法の施行前で、一般企業から女子採用の門戸を閉ざされていたこと、また20代半ばから10年近く1年契約の編集スタッフ、いわゆる非正規として働いた経験が、貴重なマイノリティ経験となり、想像力を膨らませる源となっているように思います。しかし、思いが強すぎるあまり、相手の事情に耳を傾けることなく説得にかかるという欠点があるのです。改めて聴く力を磨くべきだと痛感しました。スキルは何歳からでも身につけられると、取材を通して感じることができ、勇気づけられました。

本書執筆を後押ししてくださった皆さまにもお礼を申し上げます。いつも素晴らしい対話の場を設定してくれる、NPO法人GEWEL代表でアワシャーレ代表取締役の小嶋美代子さん、一般社団法人科学技術と経済の会の高木紀美子さん、おふたりのお陰で様々な人と知り合い意見を交わすことができました。また常日頃ディスカッションパートナーとなってくれる新日鉄ソリューションズ（現・日鉄ソリューションズ）元人事部長で高知大学特任教授の中澤二朗さん、米国での勤務経験があり日米を俯瞰する東洋大学教授の横江公美さんからも、たくさんの気づきをいただきました。

企業事例のオンライン連載記事でお世話になった、日経のWOMAN SMART編集長の佐々木玲子さんには、実に丁寧なナビゲートをしていただきました。本書の書籍編集者の三田真美さんには、貴重な視点を提示していただきました。

最後になりましたが、本書を手にとってくださった読者の皆様に、心よりお礼申し上げます。叶うなら皆様との対話を通して、ダイバーシティ経営に関する考察と実践を広げつつ深めたい、と願っています。

野村浩子

2021年初秋

『物語戦略』（内田和成監修、岩井琢磨／牧口松二著、日経BP、2016）
『身体障害者のスポーツ』（ルードヴィッヒ・グットマン、市川宣恭監訳、医歯薬出版、1983）
『ベスト・オブ・メン～人間の最高～』（映画監督ティム・ウィットビー、日本版配信アマゾン・プライム、公開2012）
『パラリンピックは世界をかえる――ルードヴィヒ・グットマンの物語』（ローリー・アレクサンダー、千葉茂樹訳、福音館書店、2021）
『パラリンピックと日本――知られざる60年史』（田中圭太郎、集英社、2020）
『中村裕　東京パラリンピックをつくった男』（岡邦行、ゆいぽおと、2019）
『鷗外　女性論集』（金子幸代、不二出版、2006）
『元始、女性は太陽であった①平塚らいてう自伝』（平塚らいてう、大月書店、1992）
「与謝野晶子さんに就いて」（初出／中央公論、1912）、「女詩人に告ぐ」（初出／めさまし草、1896）、「獨逸日記」（1885）、「海外通信」（初出／番紅花、1914）　以上、森鷗外著（『鴎外全集』、岩波書店、1971～1975）
「三人冗語・たけくらべ」（森鷗外・幸田露伴・斎藤緑雨著、初出／めさまし草、1896）（『群像　日本の作家3　樋口一葉』、小学館、1992）
「鷗外夫妻と『青鞜』」（平塚らいてう、初出／文藝、1962）（『群像　日本の作家2　森鷗外』、小学館、1992）
『「青鞜」女性解放論集』（堀場清子、岩波文庫、1991）
『太陽　森鷗外　近代文学界の傑人』（山崎一穎監修、平凡社、2012）
『雇用差別と闘うアメリカの女性たち――最高裁を動かした10の物語』（ジリアン・トーマス、中窪裕也訳、日本評論社、2020）
『ルース・ベイダー・ギンズバーグ』（ジェフ・ブラックウェル＆ルース・ホブデイ編、橋本恵訳、あすなろ書房、2020）
「ルース・ベイダー・ギンズバーグ判事との会話」（イエール大学ロースクールHP、2013、https://digitalcommons.law.yale.edu/fss_papers/4905/）
『RBG　最強の85才』（映画監督ジュリー・コーエン、ベッツイ・ウェスト、日本版DVD発売ファインフィルムズ、公開2018）
『ビリーブ　未来への大逆転』（映画監督ミミ・レダー、日本版DVD発売ギャガGAGA、公開2019）
「『国際女性デー』の今日、日本に暮らす私たちが知っておきたい大切なこと」（野村浩子、光文社ドットコム、2021　https://shinsho.kobunsha.com/n/n11fd271b24ab?magazine_key=mb4d1843dc1f9）
「組織リーダーの望ましさとジェンダー・バイアスの関係――男女別、階層別のジェンダー・バイアスを探る」（野村浩子・川崎昌、淑徳大学人文学部研究論集第4号、2019）

Jost.J.T.& Banaji.M.R.(1994).The role of stereotyping in system-justification and the production of false consciousness. *British Journal of Social Psychology.* 33(1),1-27.

Jost, J.T., & Hunyady, O.(2002).The psychology of system justification and the palliative function of ideology. *European Review of Social Psychology,* 13, 111-153.

Rudman, L., A.& Fairchild,K. (2004).“Reactions to counterstereotypic behavior：The role of backlash in cultural stereotype maintenance. *Journal of Personality and Social Psychology,* 87(2), 157-176.

参考書籍・文献

『〈対話〉のない社会』（中島義道、PHP新書、1997）
『対話のレッスン』（平田オリザ、講談社学術文庫、2015）
『茶の本』（岡倉天心、桶谷秀昭訳、講談社学術文庫、1994）
『「聴く」ことの力』（鷲田清一、阪急コミュニケーションズ、1999）
『医療のクリニック――「癒しの医療」のために』（中川米造、新曜社、1994）
『物語としてのケア』（野口裕二、医学書院、2002）
『文化を超えて』（エドワード・T・ホール、岩田慶治／谷泰訳、TBSブリタニカ、1979）
『あなたへの社会構成主義』（ケネス・J・ガーゲン、東村知子訳、ナカニシヤ出版、2004）
『ダイアローグ　対話する組織』（中原淳／長岡健、ダイヤモンド社、2009）
『対話型組織開発』（ジャルヴァース・R・ブッシュ／ロバート・J・マーシャク、英治出版、2018）
『多様性との対話』（岩渕功一編、青弓社、2021）
『ダイバーシティ経営と人材活用――多様な働き方を支援する企業の取り組み』（佐藤博樹／武石恵美子、東京大学出版会、2017）
『ダイバーシティ・マネジメント――多様性をいかす組織』（谷口真美、白桃書房、2005）
『1on1ミーティング――「対話の質」が組織の強さを決める』（本間浩輔／吉澤幸太、ダイヤモンド社、2020）
『他者と働く――「わかりあえなさ」から始める組織論』（宇田川元一、NewsPicksパブリッシング、2019）
『［新装版］知識創造企業』（野中郁次郎／竹内弘高、梅本勝博訳、東洋経済新報社、2020）
『ステレオタイプの科学――「社会の刷り込み」は成果にどう影響し、わたしたちは何ができるのか』（クロード・スティール、北村英哉／藤原朝子訳、英治出版、2020）
『偏見や差別はなぜ起こる？――心理メカニズムの解明と現象の分析』（北村英哉／唐沢穣編、ちとせプレス、2018）
『無意識のバイアス――人はなぜ人種差別をするのか』（ジェニファー・エバーハート、山岡希美訳、明石書店、2020）
『ダイバーシティ&インクルージョン経営――これからの経営戦略と働き方』（荒金雅子、日本規格協会、2020）
『他者の靴を履く――アナーキック・エンパシーのすすめ』（ブレイディみかこ、文藝春秋、2021）
『多文化世界――違いを学び共存への道を探る』（G・ホフステード、岩井紀子／岩井八郎訳、有斐閣、1995）
『経営文化の国際比較――多国籍企業の中の国民性』（G・ホフステード、萬成博／安藤文四郎監訳、産業能率大学出版部、1984）
『経営戦略としての異文化適応力――ホフステードの6次元モデル実践的活用法』（宮森千嘉子／宮林隆吉、日本能率協会マネジメントセンター、2019）
『異文化理解力――相手と自分の真意がわかるビジネスパーソン必須の教養』（エリン・メイヤー、田岡恵監訳、英治出版、2015）
『どんな会社も生まれ変わる――国鉄と銀行を変えた男の再生論』（細谷英二、日経BP、2013）
『ストーリーテリングのリーダーシップ――組織の中の自発性をどう引き出すか』（ステファン・デニング、高橋正泰／高井俊次監訳、白桃書房、2012）
『真のダイバーシティをめざして――特権に無自覚なマジョリティのための社会的公正教育』（ダイアン・J・グッドマン、出口真紀子監訳、上智大学出版、2017）
『ストーリーとしての競争戦略――優れた戦略の条件』（楠木建、東洋経済新報社、2012）

第1～2章の企業事例は、2021年6～8月、
日本経済新聞社と日経BPが共同運営するサイト「NIKKEI STYLE」内の
「WOMAN SMART」連載を加筆修正しました。

写真撮影
（P139、149、154）
竹井俊晴

カバーイラスト
江夏潤一

著者紹介

野村浩子

ジャーナリスト。1962年生まれ。1984年お茶の水女子大学卒業。日経ホーム出版社（現日経BP）発行の「日経WOMAN」編集部で1999年にウーマン・オブ・ザ・イヤーを立ち上げる。2003年同誌編集長。日本経済新聞社編集委員、淑徳大学教授などを経て、2020年4月東京家政学院大学特別招聘教授、東京都公立大学法人監事。財務省・財政制度等審議会、経済産業省・なでしこ銘柄基準検討委員会、横浜市人事委員会など政府、自治体の各種委員を務める。著書に『女性リーダーが生まれるとき』（光文社新書）、『未来が変わる働き方』（KADOKAWA）、『定年が見えてきた女性たちへ』（WAVE出版）、『働く女性の24時間』（日本経済新聞出版）がある。

異なる人と「対話」する本気のダイバーシティ経営

2021年12月6日　1版1刷
2024年5月28日　　2刷

著　　者　野村浩子

発 行 者　中川ヒロミ
発　　行　株式会社日経BP
　　　　　日本経済新聞出版
発　　売　株式会社日経BPマーケティング
　　　　　〒105-8308 東京都港区虎ノ門4-3-12
装丁・本文デザイン　albireo
組　　版　キャップス
印刷・製本　シナノ印刷

ISBN978-4-532-32444-5